ZBIGNIEW LEW-STAROWICZ

O kobiecie

Projekt graficzny
FRYCZ I WICHA

Redakcja
Przemysław Skrzydelski

Skład
Tomasz Erbel

Wydawca
Czerwone i Czarne Sp. z o.o. S.K.A.
Rynek Starego Miasta 5/7 m. 5
00-272 Warszawa

Druk i oprawa
Toruńskie Zakłady Graficzne
„Zapolex" Sp. z o. o.
ul. gen. Sowińskiego 2/4
87-100 Toruń

Wyłączny dystrybutor
Firma Księgarska Jacek Olesiejuk sp. z o.o
Ul. Poznańska 91
05-850 Ożarów Mazowiecki

ISBN 978-83-7700-013-7

Warszawa 2011

ZBIGNIEW LEW-STAROWICZ

O kobiecie

Rozmawia

Barbara Kasprzycka

Warszawa 2011

Rozdział I.
Kobieta, czyli różne sposoby szukania szczęścia

Rozdział I.

Samotność, czyli cena niezależności / weekend z mężczyzną i dość / samotne matki i społeczny szacunek / szaleństwo z miłości / piorun namiętności, czyli kres racjonalizmu / singielki jak komputery / mężczyźni maminsynki / kalendarz miłości / jedna miłość na całe życie / idealizowanie partnera / sposoby na odkochanie

Zmieniłyśmy się przez ostatnie 20 lat?

Owszem, pogłębiła się granica między dwoma różnymi światami. Kiedy przychodzi do mnie kobieta z nieskonsumowanego małżeństwa z powodu np. rygorystycznego wychowania religijnego, z którego wynika jej lęk przed współżyciem, to siedzi w gabinecie skurczona, blada, trudno z nią nawiązać kontakt. Inaczej zachowuje się businesswoman, która ma wszystko: dom, samochód, komórkę, psa. Tylko orgazmu nie ma.

W ostatnich latach obserwuję też coraz więcej silnych kobiet, samodzielnych, wręcz samowystarczalnych. Spośród nich wyrosła cała grupa singielek. Nie starych panien, które zawsze istniały, ale kobiet, które są same z wyboru. I to na pewno jest nowe zjawisko.

Może więc mężczyzna nie jest kobiecie potrzebny do szczęścia?

Owszem, bez mężczyzny potrafi być szczęśliwa, ale to jest szczęście częściowe. Jesteśmy zaprogramowani na życie razem. Jest wiele kobiet, które żyją solo, ale nie znam takiej, której by to na długą metę wystarczało.

Taka kobieta, która ma dużą potrzebę niezależności, dusi się w relacji z mężczyzną. A im dłużej jest sama, tym trudniej jej wejść w związek. Nierzadko przychodzi do mnie pani samowystarczalna, realizująca się zawodowo, wykształcona, z pięknym mieszkaniem urządzonym wedle własnego gustu. I nie umie sobie wyobrazić, że miałaby z kimś zamieszkać, zmienić przyzwyczajenia, przywyknąć do męskich zwyczajów. Obecność mężczyzny jej przeszkadza. Single, którzy długo – do 30., 35. roku życia – mieszkali sami, mają ogromny problem z bliskimi relacjami, kiedy wreszcie znajdą sobie kogoś. Często rozwiązaniem staje się sprzedanie osobnych mieszkań i kupno nowego. W takim nowym terenie łatwiej na nowo poukładać wspólne zwyczaje i wytyczyć osobne terytoria.

Miłość nie wystarcza, by kogoś znosić?

Nie zawsze. Kobiety skarżą się, że przyzwyczaiły się do osobnego spędzania czasu. Drażni je np., że partner śpi w ciągu dnia, że zajmuje miejsce w lodówce swoim piwem, wieczorem chce oglądać mecz itp. To jest problem tych pań, które mają wysoką potrzebę niezależności i skłonność do dominacji w związku. Kiedy nowy partner zmienia jej przyzwyczajenia, rytm życia, kobieta czuje się zagrożona w swojej niezależności. Ale takie drobiazgi, męskie nawyki to jeszcze nie jest duży problem. Za tą nową sytuacją życiową kryje się dużo poważniejszy rozdźwięk: bo dotąd ona sama decydowała o wszystkim, co działo się w jej życiu – gdzie chodzi, kiedy wyjeżdża, z kim, dokąd i na jak długo. A teraz musi się godzić na kompromisy i chciejstwa drugiej osoby. I to mężczyzny, który rósł na ogół w przekonaniu o swojej dominującej roli w związku. Spięcia biorą się z kompletnych detali. On mówi na przyjęciu: „No to wychodzimy", a ona: „A pytałeś mnie o zdanie?". I narastają z czasem. Zalegają negatywne emocje i miesiącami się osadzają, aż wreszcie coś pęka. Powstaje dystans. Jeśli zależy im na związku, mogą trafić do mnie. Jeśli po prostu mają tego dość, rozstają się i nie szukają pomocy. Kobieta, która nauczyła się cenić własną wartość, nie będzie ratować związku, w którym czuje się osaczona.

O wielu irytujących nawykach partnera dowie się jednak dopiero z czasem, gdy ze sobą pomieszkają dłużej. Dopóki spotykają się tylko w weekendy, nie jest problemem to, kto rano robi śniadanie. Ale kiedy okres godowy się kończy i mężczyzna oczekuje, że kobieta go nakarmi, może pojawić się problem. Znam niejedną silną, niezależną kobietę, która otwarcie mówi, że nie potrzebuje mężczyzny na stałe. Potrzeby seksualne zaspokaja na jednorazowych randkach od czasu do czasu. Może spędzić z kochankiem weekend, ale jeśli on przedłuży się do poniedziałku, kobieta jest już rozdrażniona. „Już go było za dużo" – mówi mi.

Ale nawet wśród takich samodzielnych kobiet działa mechanizm związany z wiekiem. Przed 35. rokiem życia pojawia się dzwonek alarmowy „to już czas!" i wówczas zaczyna im zależeć na związku niekoniecznie z mężczyzną, którego uznałyby za najlepszego z tych, których miały. W takim związku „ostatniej szansy" na macierzyństwo ona będzie bardziej skłonna do kompromisów. I nie zmienia to faktu, że później, po urodzeniu dziecka, związek może się rozlecieć, bo okazuje się kompletnie niedobrany. Ale partner swoją rolę spełnił. I już nie musi iść na kompromisy. Interes „ochrony gniazda”, konieczność utrzymania przy sobie mężczyzny, by ten utrzymał dziecko, nie jest już tak oczywista. Czasy się zmieniły, kobiety są niezależne – a wieloletnia singielka najlepiej wie o tym, że umie sama o siebie zadbać – samotne matki otaczane są opieką i szacunkiem. Kobiecie z dzieckiem należy się pomoc, ułatwienia w pracy itp. Dziś naprawdę łatwiej mieć dziecko bez ojca niż kilkadziesiąt lat temu. A na dodatek to odchodzący mężczyzna na ogół jest obwiniany za rozpad związku. Więc dlaczego silna kobieta, która świetnie sobie radzi, ma dzień w dzień iść na kompromisy?

Skoro niezależne kobiety tak świetnie potrafią sterować swoim życiem, to czemu przychodzą do pana gabinetu?

Bo takie kobiety tracą grunt pod nogami, gdy się naprawdę zakochają. Nagle okazuje się, że ona nie może przestać o nim myśleć po wspólnym weekendzie. Słyszę wtedy: „Sama siebie nie poznaję”. Wąchanie poduszki nie jest wcale wymysłem – kiedy taka samowystarczalna singielka nagle łapie się na tym, że po jego wyjściu do pracy leży w łóżku i wącha jego zapach z pościeli, naprawdę nie rozumie, co się z nią dzieje. Przecież nigdy nie traciła nad sobą kontroli do tego stopnia, nigdy nie potrzebowała nikogo, a nagle kogoś jest jej wciąż za mało. Ale nawet wówczas, gdy na horyzoncie pojawiło się niebezpieczeństwo szaleńczej namiętności, to często woli nie ryzykować utraty ładu, który takim wysiłkiem zbudowała. Jeśli więc do mnie przychodzi, to raczej po lekarstwo na miłość. Sądzi, że znam jakieś sztuczki, dzięki którym łatwo zapanuje nad emocjami. Bo takie kobiety całe życie kierowały się rozumem, i nie ma w nich zgody, by nagle zaczęły nimi rządzić emocje. Nie chcą im ulec.

Niedawno rozmawiałem z pacjentką, którą wiele lat temu leczyłem na zaburzenia psychosomatyczne. Nawiązała się wówczas między nami taka aseksualna sympatia, jaka zdarza się czasem między pacjentem i terapeutą. Zapamiętałem ją z tego, że bardzo krytycznie patrzyła na inne kobiety, nie rozumiała, że potrafią tak dać się zniewolić przez mężczyzn. Nie rozumiała, że kobieta może się zakochać bez pamięci i dać się zdominować. Zawsze powtarzała, że owszem, jest namiętna, ale nie wyłącza w tym czasie rozumu. Nie pozwoliłaby mężczyźnie na pewne rzeczy, nie dałaby sobie narzucić jego woli. Nie dałaby sobie zawrócić w głowie. Podkreślała, że seks jest dla niej bardzo przyjemny, ale używała też powiedzenia, które jest typowe dla kobiet, a którego nie użyje żaden mężczyzna: że seks jest przereklamowany.

I ona się zakochała, w 38. roku życia. Przyszła do mnie, bym pomógł jej zrozumieć samą siebie. Opowiadała, że żyje jak w transie i nie może się pogodzić z tym, że stała się zaprzeczeniem siebie sprzed lat. Dziś kocha wszystko, co ma związek z partnerem. Polubiła to, czego dotąd nie znosiła. Zawsze najchętniej oglądała dramaty psychologiczne, a teraz wraz z ukochanym ogląda filmy akcji – i zaczęły jej się podobać! Zaczęła w dużym stopniu żyć w jego świecie.

Przyszła do pana, by pan ją wyleczył z miłości?

Przyszła, bym pomógł jej zrozumieć, co się z nią stało. Ona była przekonana, że zna siebie, że ma porządek w swoim życiu i całkowicie nad nim panuje, a nagle stała się kimś innym.

Przyznam, że zawsze się niepokoję, gdy słyszę – zarówno od kobiet, jak i od mężczyzn – że mają wszystko pod kontrolą, znają siebie, trzymają się swego systemu wartości, są samosterowni i nie potrafią zrozumieć, jak można zgłupieć z miłości. To mówią osoby, które mają udane życie seksualne, osiągają w nim satysfakcję, lecz nigdy nie tracą głowy. Nie rozumieją, co to znaczy oszaleć z miłości, wdać się w pozamałżeński romans itp. Takie kobiety można poznać po tym, że najczęściej mówią o sobie w zdaniach twierdzących: jestem..., wiem... Wiedzą na pewno, co jest dobre, co złe, kto jest mądry, kto głupi. Czasem mogą nie utracić tego dobrego samopoczucia do końca życia.

Czasem jednak trafia je sycylijski piorun, niespodziewana namiętność. I znów – „same siebie nie poznają".

Co sprzyja temu „osłabieniu czujności"? Wiek?

To się może zdarzyć na każdym etapie życia. Zawsze powtarzam, że powinniśmy mieć pokorę dla naszej ludzkiej natury. Osoby, które w stu procentach zaufały swemu rozumowi i racjonalnemu osądowi świata, nie doceniają siły emocji, instynktów.

Czy singielka, która traci głowę, porzuca nawyki kobiety niezależnej, czy też po jakimś czasie wraca jednak do swojej samowystarczalności?

To w dużym stopniu zależy od tego, na czym opierał się ten zawrót głowy. Jeśli tylko na fizycznej namiętności, to fascynacja na ogół wygasa najpóźniej po jakichś dwóch latach. Podkreślam: na ogół, bo spotkałem i takie pary, które przez wiele lat funkcjonowały, mimo że łączył je jedynie fantastyczny seks. Poza łóżkiem toczyli osobne życie, ale spotykali się w łóżku i czerpali z tego szczęście. W sferze psychicznej pozostali niejako singlami, nie rezygnowali ze swojej niezależności. To jest rzadki przykład, bo kobiety, nawet niezależne, prędzej czy później dążą do wicia gniazda, do oparcia się na czułym partnerze. Więc jeśli nawiązuje się głębszy związek niż tylko niezwykła fascynacja erotyczna, to może trwać i trwać, i już nigdy nie pojawi się dawna singielka.

Wspomniał pan, że to niepokojące, jeśli kobieta deklaruje samosterowność. Co w tym złego?

Rozmawiając z takimi kobietami, często mam wrażenie, że rozmawiam z komputerem albo – niech prawnicy mi wybaczą – z prawnikiem. Takie pacjentki doskonale wiedzą, co z czego wynika i jakie powinno mieć konsekwencje. Wiedzą, że jeśli partner ją zdradził, to znaczy, że poleciał na młodszą. Egzekwują swoje zasady: gdzie w domu mają leżeć gazety, gdzie książki, gdzie skarpetki, jak mężczyzna powinien się ubierać w poniedziałki, a jak we czwartki. Wszystko mają poukładane. Mają też – na ich miarę – ułożony seks, przyjemne pieszczoty, udany orgazm. Mogą tak przejść przez całe życie. O ile ich partner może z nimi wytrzymać.

A to trudne?

A pani by się chciała kochać z robotem? Takie kobiety raczej nie fascynują mężczyzn. Mogą się podobać jedynie takim, którzy potrzebują opiekunki, organizatorki, mamuśki, która wszystko wie. Ale to zupełnie inny problem, czyli związanie się z mężczyzną, który ma w sobie wyuczoną bezradność.

Mądra kobieta powinna od początku wychować sobie partnera. Kobiety mają naturalne uwarunkowania pedagogiczne i nie jest prawdą, że to mężczyźni sobie wychowują partnerkę. Jeśli więc ona mądrze podejdzie do problemu, krok po kroku zacznie mu powierzać coraz większą odpowiedzialność...

...to się przekona, że coraz więcej spraw jest w domu niepozałatwianych.

To prawda, tak może być. Dlatego ideałem – obawiam się, że nieosiągalnym – jest bardzo stopniowa praca u podstaw. Począwszy od przekazania partnerowi decyzji o wyborze filmu, który pożyczą na wieczór. On oczywiście od razu odpowie: „Ty wybierz". Ale ona powinna nalegać: „Nie, dziś wybierasz ty". To nie jest łatwe i trzeba niezwykłej cierpliwości i dobrej woli, żeby z mężczyzny bezradnego uczynić głowę rodziny.

Spotkał pan kobietę, której się to udało?

Wie pani, zawsze na końcu chodzi o motywację. Jeśli mężczyzna jest dostatecznie zmotywowany, kocha partnerkę i za nic nie chce jej stracić, może się dla niej zdecydować na zupełną rewolucję. Znam takiego, który mając 59 lat, po to by utrzymać związek, odwrócił swoje życie do góry nogami: rzucił pracę, sprzedał firmę, która była jego życiem, porzucił zarabianie pieniędzy, których miał już dość, i zaczął żyć tak, jak tego pragnęła jego partnerka: podróżować, chodzić z nią do filharmonii itp. Jeśli się kocha, to można naprawdę wiele w sobie zmienić.

Ale czy widział pan realną metamorfozę bezradnego maminsynka w mężczyznę, który przejął stery i wziął na siebie odpowiedzialność za rodzinę, a przede wszystkim za samego siebie?

Widziałem, ale przyznaję, że nie zdarza się to często. Z banalnej przyczyny: oddanie się w opiekę mamie-bis jest bardzo wygodne.

A jeśli jego metamorfoza w silnego faceta się nie powiodła, to bywa przyczyną rozwodów? Kobieta mówi: koniec?

To jest bardzo częste, że one już tego nie wytrzymują. Czasem kobieta ma tego układu serdecznie dosyć, kiedy dzieci już podrosną, robią się samodzielne, i ona się orientuje, że jedno – największe – dziecko, mąż, wciąż wymaga od niej opieki. Często nowy mężczyzna czy kochanek jest właśnie kontrastem wobec męża, człowiekiem silnym i biorącym sprawy w swoje ręce.

Może nie umiemy sformułować jasnego komunikatu, że matczyno-synowski układ przestał nam odpowiadać?

Nie, tego typu kobiety potrafią bardzo wyraźnie wykrzyczeć: „Do cholery, bądź wreszcie mężczyzną!", tyle że on jest na takie komunikaty głuchy. Traktuje je jako „babskie gadanie", czyli „gada, bo musi gadać", „bo one wiecznie gadają o niczym", a zatem nie ma się czym przejmować – to jest częste męskie rozumienie kobiecych słów.

Kiedy do niego dociera, co ona miała na myśli?

To się często zdarza dopiero u mnie w gabinecie. Podczas terapii pary bardzo często dowiadują się o czymś, z czego nigdy nie zdawały sobie sprawy, czasem nigdy sobie o tym nie mówiły. Mężczyzna dopiero u terapeuty rozumie, jakie oczekiwanie kryło się za tym „bądź wreszcie mężczyzną!", ale też kobiety często dowiadują się dopiero tu, że np. partner ceni ich intelekt. Słyszę wtedy zdumienie: „Zawsze sądziłam, że ma mnie za głuptaska!". Często niestety dopiero w gabinecie terapeuty partnerzy dowiadują się o sobie wzajemnie, o swoich poglądach, wzajemnych ocenach. Mówią: „Ty mi nigdy tego nie powiedziałeś/-łaś".

Jak wiele razy w życiu kobieta może naprawdę kochać?

Kilka razy, to wynika z arytmetyki. Przyjmijmy, że przeciętna kobieta rozpoczyna życie erotyczne, mając 18 lat, a kończy w okolicach menopauzy. To jest około 30, maksimum 40 lat. Wiemy przy tym, że największa fascynacja, najsilniejsze uczucia, najmocniejsza więź trwa około trzech lat. A jeśli związek ma być rzeczywiście oparty na mocnych uczuciach, to nie zaczyna się z dnia na dzień ani nie rozpada z dnia na dzień bez śladu. Kobieta o ile nie ma osobowości histerycznej, nie przechodzi ze związku w związek bez chwili przerwy. Siłą rzeczy prawdziwych, głębokich relacji w życiu nie ma na ogół więcej niż kilka.

Te obliczenia mogą być jednak zaburzone choćby taką sytuacją, wcale nierzadką, gdy kobieta jest równocześnie zakochana w dwóch mężczyznach. Jednego kocha inaczej, i drugiego inaczej. I nie wie, którego bardziej.

Nie kocha się dwa razy tak samo?

Nie, bo ci mężczyźni są różni, chyba że kochałaby bliźniaków. Ale nie spotkałem takiej, która kochała bliźniaków i nie mogła się zdecydować, którego wybrać. A więc każdego kocha inaczej: jeden ją rozczula, drugi fascynuje intelektualnie, z jednym uwielbia spędzać czas we dwoje, z drugim najbardziej ją cieszy życie towarzyskie. Jeśli kocha dwóch, to na ogół marzy się jej połączenie ich cech, bo każdego kocha za co innego.

Czy często jest tak, że prawdziwa miłość przydarza się tylko raz w życiu?

Spotkałem wiele kobiet, które kochały tylko raz. I kiedy straciły obiekt uczuć, pozostały w tęsknocie po nim już do końca życia, nie umiały już się zakochać. Pierwsze zetknięcie z taką sytuacją miałem, spotykając narzeczone poległych w czasie wojny. Te miłości miały dodatkowy element martyrologii: on zginął w powstaniu, zesłany na Sybir czy rozstrzelany. To dodatkowo uświęca tę miłość, kobieta potem potrafi do końca życia w domu trzymać jego zdjęcie na ołtarzyku z kwiatami itp.

Ale i bez martyrologii zdarzają się kobiety, które potrafią kochać tylko raz. Co nie znaczy, że jeśli ten związek się skończył – z tej czy innej przyczyny – to one pozostają samotne. Nieraz zakładają rodziny, wiążą się z rozsądku, uprzedzając wręcz nowego partnera, że to nie jest „ta" miłość, że one kochają kogoś z przeszłości. Niektórym mężczyznom to nie przeszkadza i potrafią budować zupełnie udane związki, oparte z jego strony na miłości, ale z jej strony jedynie na szacunku, przywiązaniu.

Dlaczego nie potrafią zapomnieć?

Na ogół chodzi o sytuację, kiedy miłość została przerwana w swoim apogeum, w rozkwicie, w fazie największej fascynacji. Nie zdążyła się znudzić, spowszednieć, nie została osłabiona problemami codzienności. Taką miłość się kultywuje, podsyca wspomnieniami, zdjęciami. Z uczuciem, które nie miało szansy zmarnieć, bardzo trudno przecież konkurować. Istnieją natury skrajnie monogamiczne, które przez resztę życia nie potrafią sobie nawet wyobrazić intymności z kimś innym.

Kobieta potrafi kochać do końca życia też i takiego, który odszedł?

Tak, i pod jakimś względem jest to sytuacja znacznie trudniejsza, bardziej obciążająca niż śmierć ukochanego. Bo jeśli on żyje, to przecież zawsze jest nadzieja, prawda? Opuszczona kobieta może przez wiele lat snuć fantazje, że on na pewno tej innej nie kocha, że mogą się jeszcze zejść, że w końcu do niej wróci. Zakochana kobieta może do końca życia śledzić jego życie: rodzą mu się dzieci, wnuki, a ona się zastanawia, czy on często ją wspomina. Miałem taką pacjentkę, która już nigdy nie potrafiła się zakochać w innym. Tamto uczucie wciąż było dla niej żywe, mimo że racjonalnie zdawała sobie sprawę z tego, że nie ma już szans na spotkanie.

Nieraz bardzo mi żal kobiet, które weszły w układ z góry budowany jako tymczasowy: np. gdy on lojalnie zapowiedział, że nie opuści dla niej żony. Tyle że ów mężczyzna był dla kobiety kimś wyjątkowym; często słyszę frazę „nigdy nie spotkałam mężczyzny tej klasy". Cóż z tego, skoro on odchodzi, rozstając się z nią w sposób grzeczny. Ona jednak już zawsze będzie wszystkich kolejnych porównywać z nim. Bo znacznie łatwiej jest piąć się w kolejnych związkach coraz wyżej, wiązać się z partnerami coraz pełniej spełniającymi nasze oczekiwania. Gorzej, jeśli tego najlepszego, intelektualnie porywającego, barwnego, męskiego, czułego itp. spotkamy na samym początku i nie możemy z nim zostać do końca. Wtedy pozostaje nam godzenie się na słabszych – pod takim czy innym względem – partnerów. A ciągłe porównywanie nie pozwala zapomnieć o tamtym. To nie znaczy, że po takiej miłości kobieta nigdy się nie zwiąże na stałe. Ale zrobi to raczej z przyczyn racjonalnych: żaden nie dorównał tamtemu, ale zegar biologiczny tyka i z kimś związać się trzeba. Ze wspomnień o tamtym oczywiście biorą się problemy w kolejnych związkach: bo kobieta nie ma dla partnera czułości, seks z nim jej nie cieszy.

Jak można się odkochać?

Jeśli mężczyzna odszedł, by związać się z inną, najczęstszą strategią – i to zupełnie skuteczną – jest wrogość. Kobieta porzucona deprecjonuje byłego kochanka, przypisuje mu wiele negatywnych cech, kreuje sobie jego obraz jako drania, i to jej pomaga:

bo całe szczęście, że się z tym draniem nie związała; bo gdyby za niego wyszła, to zostawiłby ją w końcu dla młodszej itp.

To łatwe. Ale co, jeśli on był najwspanialszy na świecie?

Jeśli rozstali się w zgodzie, nie ma za co psów na nim wieszać, to pozostaje konsekwentne docenianie zalet obecnego partnera. Bo każdy jakieś zalety ma, ale aktualny partner może pozostawać wciąż w cieniu tamtej miłości, tak że kobieta nawet nie zauważa, w czym tkwią jego mocne strony. Trzyma się swojej oceny, że i tak nowy partner nie dorasta tamtemu do pięt, i ani sobie, ani jemu nie daje szansy zmienić tej opinii.

Wiele zmieniają też pojawiające się na świecie dzieci. Jeśli jeszcze partner sprawdza się w roli ojca, dostaje dodatkowe punkty: jest w końcu ojcem moich dzieci – rozumuje kobieta – i to dobrym ojcem. To potrafi zmienić jej uczucia względem niego.

Jak taka niespełniona miłość z przeszłości odbija się na pozostałych obszarach życia kobiety wiecznie zakochanej?

Kobieta przychodzi do terapeuty z seksualnym rozbudzeniem, z którym nie może sobie poradzić, bo inni partnerzy jej nie interesują, są dla niej denerwujący. Niespełnione uczucia może realizować w nieoczekiwany sposób. Pamiętam pacjentkę, której rodzina miała wielką pretensję, że ona próbuje pełnić rolę zastępczej matki dla własnej siostrzenicy. Ukochany tej kobiety zniknął w niewyjaśnionych okolicznościach – nie wiadomo było, czy żyje, czy nie;

były podejrzenia, że został zakwalifikowany do programu ochrony świadków czy też szpiegów, zmienił tożsamość i przeniósł się na koniec świata. Lecz ona o tym nie wiedziała, nie mogła przeżyć żałoby i pozostała na wiele lat z niespełnioną miłością, niezaspokojonym instynktem macierzyńskim. Zaczęła wręcz konkurować o miłość siostrzenicy z jej matką. Doprowadziła do konfliktu w rodzinie.

Istnieje test na miłość?

Tak, ale nie składa się z jednego prostego pytania. Przykładowy test zawarłem w swojej „Encyklopedii erotyki", ma 35 pytań, które dopiero mogą nas przybliżyć do odpowiedzi. Wśród nich najprostsze to np.: „Czy sądzisz, że miłość jest istotną i podstawową aktywnością w twoim życiu"; „Czy jesteś gotowy oddać wszystko dla miłości"; „Czy jesteś gotowy znosić cierpienie, wyśmianie, a nawet upokorzenie"; ale także „Czy pragniesz być zakochany lub potrzebujesz miłości, aby czuć się bezpiecznie"; „Czy podczas pierwszego spotkania ukochanej/-nego poczułeś/-łaś uczucie przyciągania, mocnego pożądania"; „Czy ciągle myślisz o ukochanej osobie"; „Czy od początku codziennie pragniesz widzieć ukochaną osobę"; „Czy omawiacie plany na przyszłość"; „Czy zmysłowy, dotykowy kontakt z partnerem jest dla ciebie bardzo ważny"; „Czy odczuwasz duże zapotrzebowanie na seks", itp.

Rozdział II.
Seksualność,
czyli marzenia i kompleksy

Rozdział II.

Kobieca oziębłość... / ...i męska nadaktywność / podskórna walka o dominację / prawda o motywacjach do seksu / tajemnice rozkoszy albo nauka kochania / zagadka feromonów / mity o „rozmiarach" / upodobania i kompleksy / panowie to fetyszyści / wstyd w łóżku / złoty środek dla dwojga / bujna przeszłość

Z jakim problemem najczęściej przychodzą do pana kobiety?

Z brakiem chęci na seks. I to jest realny problem, bo co czwarta kobieta ma bardzo małą ochotę na seks albo wręcz nie ma jej wcale. Oczywiście można podejść do tego zupełnie inaczej – jeśli spojrzeć na badania z przeszłości, to i tak jest o niebo lepiej. W latach 60. prowadzone były przez dr Hannę Malewską rzetelne badania wśród warszawianek. Większość z nich w ogóle nie potrzebowała seksu i niczego z niego nie osiągała, żadnej satysfakcji. Dla nich był to obowiązek, prawo męża itp. Więc z jednej strony obserwujemy bardzo duży postęp, ale wciąż jednak 25 procent kobiet, które zjawiają się u mnie w gabinecie, narzeka na brak ochoty i satysfakcji z seksu.

Co to znaczy bardzo mała ochota?

Sześć procent kobiet potrzebuje seksu codziennie, kilka procent raz na wiele tygodni, a pomiędzy tymi skrajnościami jest cała rzesza kobiet, które potrzebują seksu raz na dwa tygodnie, raz na dziesięć dni, raz na tydzień. Jednak jeśli młoda kobieta jest od kilku, kilkunastu miesięcy w związku i ma chęć na seks np. raz w miesiącu – to trochę rzadko.

To trzeba leczyć?

Jeśli kobieta od zawsze miała niskie potrzeby, zawsze wystarczał jej seks raz na dwa tygodnie, ale trafiła na partnera o wielokrotnie wyższych potrzebach, wtedy on jej może wmówić, że powinna się leczyć. Czy rzeczywiście powinna, zależy od tego, jak funkcjonują w związku. Jeśli z ich dwojga to mężczyzna jest atrakcyjniejszy, cieszy się powodzeniem u innych kobiet, jest przez nie uwodzony, a kobiecie bardzo zależy, by go nie stracić, to seksuolog inaczej z nią będzie rozmawiać niż z kobietą, która ma w związku silną pozycję, dobrze wie, że partner jest od niej uzależniony i jej nie opuści, a w dodatku ma bardzo silne zasady etyczne, które nie pozwalają mu na seks na boku. To są dwie diametralnie różne sytuacje, choć problem braku ochoty na seks może być ten sam. Każdy jednak trzeba rozwiązać inaczej.

Kobiety często na początku ustępują, współżyją częściej, niż potrzebują, ale to u nich prowadzi do przesytu, powstaje opór, nie wytrzymują. On się łasi przy każdej okazji, a ona każdą formę czułości odbiera jako sygnał do seksu. I faktycznie wielu mężczyzn nie zna pojęcia pieszczoty dla samej pieszczoty, po której nie ma współżycia. Więc dla kobiety każdy dotyk partnera oznacza sygnał do współżycia, a ma już dość. Jeżeli parze zależy na byciu razem, buduje się kompromisy: on trochę zmniejszy, ona trochę zwiększy swoją gotowość erotyczną. To jest możliwe. Jeśli jednak nie ma pola do kompromisu, mężczyzna oświadcza, że on musi codziennie i koniec, to nic z tego nie będzie. Dla kobiet często taka deklaracja oznacza, że partner traktuje ją jak narzędzie. Z jej punktu widzenia stosunek seksualny nie jest dla niego efektem pogłębiania więzi, lecz tylko fizjologiczną potrzebą, którą mógłby zaspokoić z użyciem gumowej lalki. Jemu chodzi o żywą pochwę, a nie o osobową relację z konkretną kobietą. Nierzadko taki mężczyzna jest narcystycznie zachwycony swoimi możliwościami, swoją potencją. W takim układzie, o jakim mówimy, u kobiety może wytworzyć się wstręt do dotyku partnera. On czując się odrzucany, tym bardziej atakuje, robi się namolny. Dochodzą do momentu, w którym nic już nie gra, i się rozchodzą.

Dlaczego nie mamy ochoty?

To zależy od bardzo wielu rzeczy, ale obserwuję pewną prawidłowość – gdy kobieta angażuje się w nową, czasochłonną pracę, w której się spala, czuje się wyssana z energii. Kobiety niby już w PRL-u bardzo zaktywizowały się zawodowo, ale w tamtej epoce była inna aktywność i inaczej przekładała się na relacje seksualne niż dzisiejsza. Wtedy kobiety pracowały na ogół, żeby dorobić do pensji męża. Traktowały pracę jako zło konieczne. Ich powołaniem pozostawało macierzyństwo, dbałość o ognisko domowe i z bólem godziły to z pracą. Dziś odwrotnie: kobiety bardzo sobie cenią swoją pracę, budują na niej poczucie wartości, a kiedy urodzą dziecko, chcą jak najszybciej wrócić do aktywności zawodowej. Tamten tradycyjny model kobiecości kazał czerpać zadowolenie z przyjemności danej mężowi: „Jestem spełniona w łóżku, bo jemu jest dobrze". Samorealizacja wynikała z poczucia, że jest się dobrą żoną i matką. Dziś kobiety oczekują znacznie więcej, nie budują swego poczucia wartości na tym, że mężczyźnie jest dobrze. Realizują się we własnych rolach zawodowych i oczekują bogatych doznań seksualnych dla siebie. Tylko że pojawia się błędne koło: kiedy kobieta pracuje od rana do wieczora, a w weekendy np. studiuje, to wieczorem jest zwyczajnie zmęczona i nie ma ochoty na seks. U sporej części kobiet brak ochoty wynika też ze źle dobranej antykoncepcji hormonalnej, a coraz więcej kobiet ją stosuje. Jest jednak także inna, niedoceniana przyczyna braku popędu: to związek, w którym rozgrywa się cicha, subtelna walka o dominację. To się zdarza np. w parach, w których oboje partnerzy osiągnęli podobnie wysoki status społeczny, kobieta przez wiele lat była niezależna, dobrze zarabiała itp. Tworzą związek, w którym mężczyzna zaczyna domagać się seksu, bo ma większe potrzeby niż ona. Im bardziej on naciska, tym bardziej ona nie chce. Zaczyna bronić swojego terytorium, swojego „ja", nie rozumie, dlaczego ma mu ulegać. To może być para, która przychodzi do seksuologa i opowiada, że są świetnie dobrani, świetnie się rozumieją, tylko w łóżku im się nie układa, bo partnerka nie ma ochoty. Kiedy się pogrzebie w ich wzajemnych relacjach, wychodzi na jaw, że podskórnie cały czas się przepychają w walce o władzę w ogóle, ale ujawnia się to jedynie w sprawach seksu.

Czy istnieje lekarstwo dla kobiet, które niczym viagra wzmacnia libido?

Jak dotąd nie udało się tego dokonać: nie udało się zarejestrować leku działającego wprost na kobiece libido. Problem polega na tym, że u kobiet ośrodki sterujące seksualnością są bardzo skomplikowane, a ich aktywność złożona. Podstawowy problem tkwi w tym, że działalność kobiecych ośrodków odpowiedzialnych za libido jest silnie powiązana z emocjami, relacjami. Jedna tabletka tego jeszcze nie dokonała.

Istnieją natomiast suplementy diety wspomagające wzrost libido. Taką substancją jest np. arginina, która jest donatorem tlenku azotu. A to on jest odpowiedzialny za narastanie kaskady podniecenia u kobiet. Argininę można znaleźć w różnego rodzaju preparatach reklamowanych jako podnoszące libido pań. To nie działa jednak tak jak viagra u mężczyzn: tabletka i gotowe – w sytuacji erotycznej mamy wzwód. Argininę trzeba przyjmować przez dłuższy czas i dopiero potem, stopniowo odczuwalne jest jej proseksualne działanie. Kobieta łatwiej się podnieca, ma większą ochotę na miłość.

Pan poleca preparaty z argininą kobietom, którym spadła ochota na seks?

Owszem, jednak w pierwszej kolejności i częściej polecam na początek oglądanie filmów erotycznych. W naszej obyczajowości wciąż się ich nie docenia, a kobiety obawiają się, że wciskam im ordynarną pornografię. To zupełnie nie o to chodzi. Powstają na świecie filmy erotyczne skierowane do kobiet, i różnią się od pornografii tym, że nie skupiają się na złączeniu narządów płciowych w różnych konfiguracjach, lecz na nastroju, narastających emocjach, podgrzewaniu atmosfery między kobietą a mężczyzną. To oczywiście kończy się relacją seksualną, ale nie pokazaną z perspektywy fotela ginekologicznego. Takie filmy znakomicie działają na wyobraźnię pań i często stają się najlepszym afrodyzjakiem.

Takie filmy oglądać z partnerem czy bez?

W zależności od potrzeby. Niektóre panie wolą obejrzeć je po kryjomu, bo wstydzą się ujawnić przed partnerem. Niektórym polecam też lektury: „Monologi waginy" czy „Radość seksu" – książki nie typowo edukacyjne, poradnikowe, lecz pogłębiające świadomość własnej kobiecej seksualności.

Czego przeciętnej kobiecie potrzeba, żeby pójść z mężczyzną do łóżka?

Motywów może być wiele, mogą zresztą działać jednocześnie. Niektóre kobiety idą do łóżka dla przyjemności, chcą przeżyć coś miłego. Inne – lub te same – idą, by partnerowi zrobić przyjemność; by w domu był święty spokój; żeby schudnąć i ładnie wyglądać...

Nie...

Oczywiście! Gdy robimy badania, jak najbardziej pojawiają się w nich takie motywacje współżycia. Dalej: dla uspokojenia nerwów, dla odprężenia, zamiast alkoholu; by się dowartościować, sprawdzić, czy jest się pożądaną; z wdzięczności za futro...

Przecież to się ociera o prostytucję.

Absolutnie nie, to ważna motywacja. Jeżeli partner potrafi zrobić kobiecie niespodziankę, sprawia jej prezent, o jakim marzyła, to może to się skończyć seksem. Kobieta jest pełna wdzięczności i chce tę wdzięczność okazać – dlaczego nie przez seks? Ale oczywiście poza stałymi związkami kobieta może decydować się na seks dla pieniędzy i awansu – zawodowego, społecznego. I to jest dość częste, to nie są ekscesy. W niektórych sferach są to typowe drogi kariery. Nie twierdzę, że większość znanych aktorek zrobiła karierę przez łóżko, ale jest to dość często spotykane. Tego się oczywiście nie da zbadać, bo nikt w badaniach ankietowych się do tego nie przyzna, ale z doświadczenia mogę szacować, że nie są to przypadki całkiem wyjątkowe.

Teraz rozwija się też zjawisko seksu za wczasy. Syn moich znajomych to praktykuje: ciągnie przez centrum Warszawy bardzo efektownym samochodem i zaczepia dziewczyny. Jednej z nich zaproponował tygodniowy wyjazd do Włoch. Ona tylko poszła do domu po rzeczy i pojechali. Spędzili piękny włoski tydzień i koniec. Stracili kontakt.

Wróćmy jednak do najbardziej powszechnej motywacji. Jak wiele z nas idzie do łóżka po prostu dla przyjemności?

Trudno to oszacować, bo w ankietach jedna trzecia kobiet w ogóle na takie pytania nie chce odpowiedzieć, i nie wiemy, czy nie odpowiadają akurat te, które lubią seks, czy wręcz przeciwnie. Inne mogą mówić, że uprawiają seks dla przyjemności, bo akurat ostatni kontakt seksualny miały bardzo udany i wspominając go, przypisują sobie taką motywację. Jeszcze inne odpowiadają autentycznie: kocham się, bo lubię i jestem tego świadoma. Możemy jedynie szacować na podstawie statystyk Światowego Towarzystwa Badań nad Zdrowiem Seksualnym Kobiet, z których wynika, że mniej więcej 20 proc. kobiet wchodzi w seks z potrzeby. Zdecydowana większość kobiet – współżyjących seksualnie i czerpiących z tego seksu satysfakcję – reaguje dopiero na prowokację partnera. Nie odczuwają potrzeby seksu, ale kiedy mężczyzna podchodzi, przytula się, całuje w ucho, mówi coś miłego – potrzeba się pojawia. I to jest relacja dla obu stron dość bezpieczna. Bo proszę sobie wyobrazić, co by było, gdyby nagle wszystkie kobiety deklarowały potrzebę seksu, zachęcały do niego mężczyzn częściej niż np. raz na trzy dni. To by wywołało falę niezwykłego poczucia zagrożenia wśród ich partnerów. Mężczyzna musi być sprawny. Każdy sygnał ze strony partnerki w rodzaju „misiaczku, chodź do łóżka" oznacza dla niego, że znów musi stanąć na wysokości zadania, musi mieć erekcję. To z jednej strony wyzwanie, ale z drugiej zagrożenie, lęk, czy sprosta. Kobieta z fizjologicznego punktu widzenia sprosta zawsze.

Czego pragniemy od naszych kochanków?

Pieszczot i przyjemności. Mężczyźni w okresie pierwszej fascynacji są skłonni do pieszczenia, odkrywają ciało partnerki i również im daje to radość. W związku ustabilizowanym na ogół zakres pieszczot się zmniejsza. Ale niektórzy mężczyźni w ogóle nie potrafią pieścić, zwłaszcza jeżeli w domu rodzinnym obowiązywał ich zimny chów: rodzice ani siebie nawzajem, ani jego nie obdarzali pieszczotami. Wówczas seks dla niego jest okazją do wyżycia się, rozładowania napięcia. Wtedy pragnienia partnerki są na ostatnim miejscu.

Przy zbyt krótkiej grze wstępnej może chodzić o ukrytą, często nieuświadamianą przez kobiety przyczynę: przedwczesny wytrysk. Nawet jak mężczyzna chciałby partnerce dać pieszczoty i wie, że są dla niej istotne, to jaki ma wybór w takim przypadku? Albo poświęcić wystarczającą uwagę kobiecie, ryzykując, że w ogóle nie dojdzie do stosunku – bo doszło już do wytrysku. Albo ograniczyć pieszczoty wstępne, by jak najszybciej doprowadzić do penetracji i zdążyć z wytryskiem.

Kobiety skarżą się też, że partner nie zna i nie chce poznać jej stref erogennych, nie odkrył jej upodobań.

Nie wystarczy, że mu o nich powiedzą?

To nie takie proste. Kobiety oczekują, że partner się domyśli. Nie chcą same go naprowadzać, wiele też wciąż uważa, że seksualna biegłość jest rolą mężczyzny, prawdziwy kochanek powinien sam na wszystko wpaść. Ale też są całkiem odwrotne motywacje – wiele pań świetnie intuicyjnie wyczuwa, że gdyby powiedziały partnerowi o swoich potrzebach, mogłyby go śmiertelnie urazić. Niektórzy panowie ciężko znoszą pouczanie, zwłaszcza w tej sferze. Odbierają je jako podważanie umiejętności i doświadczenia.

A poza tym są kobiety, u których umiejscowienie tych stref lub ich hierarchia się zmienia.

Wiele kobiet, które np. lubiły pieszczoty piersi, nie tolerują ich po karmieniu piersią dziecka. Czasami też zdarza się, że strefa erogenna zależy od partnera: z jednym kobieta uwielbia się całować, a z innym nie.

Warto przy tym wiedzieć, że strefą erogenną u kobiety może być każda część ciała. Jest to tylko kwestia wyrobienia, treningu. Podczas rehabilitacji seksualnej kobiet sparaliżowanych od szyi w dół przekonujemy się, że wszystko, co pozostało wrażliwe – twarz, włosy, uszy, szyja, nos, usta – może się stać strefą erogenną. Kwestia tylko w ćwiczeniach. Moja konkluzja: nie ma co czekać na nieszczęście, trzeba wyrabiać sobie różne strefy zawczasu.

Może się zdarzyć, że kobieta z oziębłej zmienia się w wulkan seksu?

Przeważnie wiąże się to ze zmianą partnera. Spotykam kobiety, które przez wiele lat miały mężczyzn, którzy utrwalali w nich przekonanie, że są oziębłe. Jeden, drugi, dziesiąty uważał, że ona jest seksualnie wybrakowana. Ale jedenasty wyzwala w niej ukryty potencjał erotyczny. Dochodzi do eksplozji. Od takiego partnera kobieta może się wręcz uzależnić.

Co to znaczy, że jest seksualnie wybrakowana?

Mówią jej, że jest zimna, rozbudza się bardzo długo, nie osiąga orgazmu. Czyli coś z nią jest nie tak.

I na czym polega magiczna sztuczka tego jedenastego?

Gdy pytam o to kobietę, ona na ogół nie potrafi odpowiedzieć. To już nie jest takie proste jak pięćdziesiąt lat temu, kiedy mężczyzna nie wiedział, że ona ma łechtaczkę, i dopiero ten nowy miał świadomość anatomiczną; i nagle wszystko było inne, wspaniałe. Teraz rzadko chodzi o samą technikę seksualną. Natomiast o co tak naprawdę chodzi – najczęściej nie sposób dojść. Kobiety nie potrafią precyzyjnie wysławiać się na temat swojej intymności. Mówią: „Jest mi dobrze, przyjemnie", ale jeśli dopytać: „A konkretnie?" – nie potrafią odpowiedzieć. Dopiero gdyby zalecić jako lekturę obowiązkową „Monologi waginy", kobiety umiałyby opowiedzieć: że czują ruchy frykcyjne, że działają feromony itp.

Nie zawsze umiemy więc wyjaśnić tę przemianę, czasem poddajemy się prawom biologii. Właśnie feromony służą temu, żeby partnerzy dobierali się perfekcyjnie pod względem biologicznym.

No właśnie, co z tymi feromonami. Da się naukowo zbadać dopasowanie par pod tym względem?

Nie. Wiemy, że feromony istnieją, ale nie potrafimy zbadać ich działania. Czasami musimy po prostu przyjąć, że przyczyną pewnych wydarzeń jest niebywale silna biologia i nie dotyczy to zresztą tylko feromonów, ale i zwykłych albo i niezwykłych uwarunkowań anatomicznych. Choćby taki przypadek małżeństwa z Warszawy. Przyszedł do mnie mężczyzna wchodzący w okres starzenia z prośbą, bym wypisał mu leki, które by wspomogły jego sprawność seksualną. Opowiada, że jest bardzo silnie związany ze swoją żoną, bardzo ją kocha, ale podstawą tego związku jest seks. Więź psychiczna i intelektualna jest wątła, za to w łóżku – raj, bo ona ma bardzo ciasną pochwę, którą wspaniale obkurcza. Skarb, tyle że ona go zdradza. Ma wielu kochanków w pewnej zmaskulinizowanej korporacji. Ci mężczyźni przekazują sobie wiedzę o jej walorach i ma ona sznureczek chętnych. Sama też jest chętna, by im tych walorów udzielić. Od razu nadmienię, że w tym przypadku odpada argument urody. W końcu za namową męża trafiła do mnie do gabinetu i nogi się pode mną ugięły, bo dawno nie widziałem tak szpetnej kobiety. Owszem, są takie, których się po prostu nie zapamiętuje. Ale jej... nie dało się zapomnieć. Za to tę cechę anatomiczną rzeczywiście miała. Była świadoma swojej z tego powodu atrakcyjności i czerpała z niej frajdę. Uszczęśliwia ją, że mężczyźni za nią szaleją. A mąż uznał taki układ po tym, jak pomogłem mu, żeby mógł na nowo wydajnie współżyć. I tak sobie mogą dalej żyć w tej dość pokręconej relacji. Tak więc silna biologia też jest bardzo ważnym elementem seksualności kobiet i mężczyzn.

No dobrze, to odwróćmy tę biologię. Czy dla kobiet wielkość przyrodzenia ma znaczenie?

Długość nie, a w każdym razie rzadko. Na ogół liczy się przede wszystkim grubość członka, bo najwięcej receptorów jest w pierwszej, zewnętrznej 1/3 długości pochwy. Że najważniejsza jest grubość, odkryto całkiem niedawno, kiedy ubezpieczyciele w bogatych krajach zaczęli się zastanawiać, czy mężczyznom należy refundować operacje powiększania członka, czy poprawa tego parametru może być konieczna dla zdrowia ich psychiki. Przebadano więc te członki – w USA i Unii Europejskiej – we wszystkie strony i okazało się, że dla kobiet te przeciętne na ogół są zupełnie wystarczających rozmiarów. Szczęśliwie najczęściej dobieramy się tak, żeby wszystko pasowało.

Ale w niektórych parach partnerzy skarżą się, że „niczego nie czują" podczas współżycia. Na ogół problem tkwi właśnie w grubości członka lub w szerokości pochwy, np. po klasycznych porodach. Stąd też bierze się moda na cesarskie cięcia. A poza tym takie skargi zdarzały się częściej przed laty, gdy jedyną znaną pozycją seksualną była pozycja „po bożemu". Teraz jest dużo wyższa świadomość na temat istniejących innych pozycji i innych sposobów zaspokajania seksualnego. Pary eksperymentują z pozycjami, kobiety mogą „stratę" wynagrodzić mężczyźnie seksem oralnym.

Czasem bywa tak, że kobieta nie jest w stanie zmierzyć się z obsesyjnymi myślami partnera, który jest święcie przekonany, że ma zbyt mały członek, a ona mu nie chce o tym powiedzieć z miłości. On w Internecie sprawdził, że powinien mieć dłuższy. A tam jest cała masa bzdur na ten temat.

To powiedzmy od razu, jaki rozmiar jest OK.

Od 11 cm w stanie erekcji wszystko jest w porządku. Ale powtarzam: długość rzadziej jest rzeczywistym problemem kobiety, częściej urojonym – po stronie mężczyzny. Rzeczywistym problemem bywa rozciągnięta po porodzie pochwa. Często daje się to zniwelować treningiem, doborem pozycji współżycia – np. ze ściśniętymi pośladkami. Bardzo rzadko uciekamy się do chirurgii plastycznej. Ale jeśli chodzi o rozmiar członka to, wiążą się z nim także psychiczne uwarunkowania, jeśli kobieta ma np. upodobanie do seksu oralnego albo w sposób szczególny, niemal mistyczny odbiera mężczyznę „w sobie". Tu na niedostatki rozmiaru prezerwatywa z wypustkami może nie wystarczyć. Rada jest taka: eksperymentować z pozycjami.

Spotyka pan kobiety, które wyjątkowo lubią dawać partnerowi seks oralny?

W polskiej kulturze to się zdarza rzadko. Polki tolerują członek swojego partnera; jeśli lubią, to najwyżej w stopniu umiarkowanym. I tak jest zdecydowanie lepiej niż kiedyś. Jeszcze po drugiej wojnie światowej seks oralny wobec mężczyzny był uznawany za dewiację, w niektórych krajach był prawnie zakazany. Teraz jest traktowany jako normalna forma pieszczot. W badaniach przekrojowych wychodzi, że Polki owszem, lubią seks oralny, ale wobec siebie. Odwzajemniają go, ale nie na poziomie zafascynowania. Chociaż to się zmienia, młodsze pokolenia dziewcząt podchodzą już do tego inaczej, coraz częściej lubią tę formę pieszczot wobec partnera.

Oczywiście, zdecydowanie więcej mężczyzn lubi seks oralny, i to w obie strony – również wobec kobiet.

Nie mamy żadnych wyjątkowych oczekiwań w sprawach łóżkowych?

Ależ macie. W seksie wszystko jest możliwe. Wie pani, znałem kobietę, która przeżywała orgazm, gdy wiał na nią wiatr. Miałem pacjentkę, która szczytowała, przytulając się do drzewa. Katalog nietypowych seksualnych zachowań kobiet jest nieskończony, regulowany tylko granicami wyobraźni. Wariantów są setki, wiele z nich jest uwarunkowanych pierwszymi doświadczeniami: tym, w jakich momentach przeżywały podniecenie po raz pierwszy.

Jak na takie dziwne upodobania reagują partnerzy?

Jeśli ona lubi kochać się w samochodzie, i dla niego to także jest ekscytujące, nie ma problemu. Gorzej, jeśli ona osiąga satysfakcję np. z wiatrem, i jest to dla niej silniejsze, głębsze przeżycie niż seks z partnerem. Ale też rzadko wynikają z tego takie komplikacje, żeby związek miał się rozpaść. Mężczyznom generalnie urozmaicanie seksu nie przeszkadza.

A czego kobiety wstydzą się w łóżku?

Tego, co uważają za swój mankament. Jeśli któraś jest przekonana, że ma za małe piersi, to będzie kochać się w biustonoszu albo nalegać na zgaszenie światła. Inaczej nie będzie umiała w ogóle się podniecić. Na podstawie doświadczenia mogę jednak stwierdzić, że u większości kobiet niezadowolenie z niedostatków fizycznych nie pokrywa się z tym, jak są odbierane przez partnerów. Na ogół to, co jest dla niej mankamentem, dla niego wcale nie. Ona ma kompleks brzydkich nóg. On mówi: „Ale masz piękne nogi, bardzo mi się podobają". „Nie, nie, nie" – usłyszy od niej. Bo układem odniesienia dla kobiet jest ideał wytworzony przez kulturę masową i na jego podstawie będą się wpędzać w kompleksy. A prawie się nie zdarza, żeby kobieta była odrażająca. Mężczyźni się zdarzają, a kobiety – poza absolutnymi wyjątkami wynikającymi np. z choroby – w zasadzie nie. Nie spotkałem się z przypadkiem, by kobieta np. nigdy nie współżyła z powodu niedostatków urody. Mężczyźni, którzy są nieatrakcyjni i w dodatku nie mają wykształcenia, pracy, inteligencji, pozycji, pieniędzy, są w znacznie gorszej sytuacji. Im pozostaje samogwałt albo agencja towarzyska.

W psychologii społecznej istnieje znany eksperyment baru nocnego. Jeżeli mężczyzna był nastawiony na poznanie kobiety, to im było później, tym siedzące przy barze panie oceniane były jako atrakcyjniejsze. Czyli im robi się ciemniej i im więcej alkoholu płynie we krwi, tym kobiety robią się ładniejsze. Mężczyzna głodny seksu bardzo obniża swoje oczekiwania.

A kobiecie głodnej seksu wystarczy, że mężczyzna będzie np. błyskotliwym rozmówcą?

Znałem parę, która była przypadkiem nieprawdopodobnym, z rodzaju piękna i bestia. Jego urodę określiłbym jako Quasimodo do kwadratu, ona była atrakcyjna. On miał niezły standard życiowy, znał języki, ale nade wszystko był piekielnie inteligentny. To działało jak afrodyzjak. Jestem dla kobiet pełen podziwu, że potrafią być pobudzone i seksualnie spełnione z partnerem, który w powszechnym odczuciu jest skrajnie nieatrakcyjny fizycznie.

Co by pan wskazał jako najważniejszy element kobiecej atrakcyjności fizycznej?

Potocznie się mówi, że każdy mężczyzna jest fetyszystą. I to prawda. Każdy heteroseksualny mężczyzna coś sobie szczególnie ceni u kobiet: jedni włosy, inni nogi, usta, pupę, stopy. Piersi, pupa, nogi to te najczęściej spotykane fetysze, ale może nim być wszystko: uszy, oczy, damska bielizna itp. Kobiety w związku często protestują przeciwko tym szczególnym upodobaniom, odbierają je jako instrumentalne traktowanie. Niepotrzebnie. Mężczyźni po prostu są wzrokowcami. To może nie jest dobra wiadomość, ale – zacytuję tu reżysera Petera Ustinova – mężczyzna dopiero jak się zestarzeje i demon seksu go opuści, zauważa w kobiecie człowieka. Protesty kobiet, wymówki w rodzaju „bo tobie zależy tylko na moich piersiach" na nic się nie zdadzą. Nic się nie da poradzić. Jedni sobie wysoko cenią małe piersi, inni duże, ale tych ostatnich jest więcej. Zresztą ta sprawa też się w Polsce ostatnio poprawia: zwiększa się populacja młodych kobiet z większymi piersiami.

Większości z nas wystarczą jednak cellulit albo rozstępy, żeby się zadręczyć. Mężczyźni w ogóle wiedzą, co to jest?

Dla większości takie mankamenty nie mają znaczenia. Wiele zależy od indywidualnych upodobań. Jeśli rozstępy na brzuchu czy na piersiach zrobiły się bardzo widoczne, a mężczyzna bardzo sobie cenił wrażenia wzrokowe w pozycji na jeźdźca, może wyniknąć problem. W takim przypadku wystarczy zmiana pozycji i już. Dlatego dobrze jest mieć zróżnicowaną, wielowariantową sztukę miłosną, którą można dopasować do aktualnych potrzeb obu stron.

Czyli nie musimy ukrywać żadnych niedoskonałości?

Niezupełnie. Na przykład wspólny poród: dla jednych stanie się pogłębieniem więzi z partnerką, nawiązaniem więzi z dzieckiem. Ale pięć – dziesięć procent panów, którzy oglądali poród swojej partnerki, nie potrafi już później osiągać z nią satysfakcji seksualnej. To dotyczy najczęściej mężczyzn, którzy z natury są estetami; dla których piękno i harmonia są najważniejsze. I jeśli zobaczą swoją piękną partnerkę w sytuacji mocno fizjologicznej, następuje potężny dysonans poznawczy. Dla niektórych będzie on oznaczać koniec seksu z tą partnerką. Miałem parę, która z tego powodu się rozstała, kiedy dziecko miało ledwie rok. Nie dało się ich relacji odbudować: dla mężczyzny poród był czymś obrzydliwym, a pochwa partnerki kojarzyła się przede wszystkim z krwią. Par z takimi problemami jest więcej. Dlatego choć udział mężczyzny w porodach jest często czymś wspaniałym dla obu stron, należy go bardzo poważnie rozważyć i zawczasu przetestować reakcję np. na zdjęcia czy nagrania porodu dostępne w Internecie.

Miałem też dramatyczny przypadek pięknej dziewczyny, której zapach w momentach podniecenia stawał się bardzo przykry, trudny do wytrzymania, i z tego powodu rozpadały się jej kolejne związki. Dziewczyna była u kilku lekarzy, którzy jednak jej nie wierzyli, uważali, że ma jakąś obsesję. Ale ona miała rację. Nie umiałem jej pomóc, skierowałem ją do kliniki dermatologicznej. Nie wiem, czy znaleźli dla niej lekarstwo.

Ale miałem też pacjentkę, która miała silną reakcję uczuleniową na nasienie kolejnych partnerów: nieznośny świąd, wysypkę. Historia skończyła się dość zabawnie. Specjaliści chorób skórnych niczego nie umieli na jej przypadłość poradzić, więc wysłałem ją do mojego kolegi neurologa z prośbą o konsultację. Zostali z tym lekarzem parą i on był pierwszym mężczyzną, na którego nie miała uczulenia... Problemy się skończyły. Para się co prawda rozpadła, ale w kolejnych związkach wysypki już nie wróciły. Pacjentka była uleczona.

Ale chcę zwrócić uwagę na jedną ważną rzecz, która po latach moich doświadczeń jest uderzająca. Otóż jakoś tak się dzieje, że najbardziej zakompleksione są często kobiety atrakcyjne. I moim zdaniem bierze się to z relacji z koleżankami i przyjaciółkami od dzieciństwa. Rówieśnice robią sobie nawzajem najwięcej zła. Co robią, gdy w ich gronie pojawi się dziewczyna wyróżniająca się atrakcyjnością? Robią wszystko, by przekonać ją, że jest nic niewarta. Systematycznie ją dołują, podkopują jej poczucie własnej wartości. Jeśli jeszcze rodzice wychodzą z założenia, że nie chcą wychować kobiety próżnej, nie podkreślają jej walorów, umniejszają ich znaczenie, kompleksy gotowe.

Potem dołącza do tego kolejny mechanizm: mężczyźni unikają atrakcyjnych kobiet. Jest tylko niewielki odsetek tych, którzy mają dobrze ugruntowane poczucie własnej wartości i mogą próbować je poderwać, ryzykując porażkę. Inni nawet nie spróbują, bo będą się bali odtrącenia, ciągłej konkurencji innych samców. Więc ona będąc obiektywnie bardzo atrakcyjna, utwierdza się w przekonaniu, że nie budzi zainteresowania płci przeciwnej. Dlatego bardzo atrakcyjne kobiety są często samotne.

Czy kobiety tak jak mężczyźni bywają fetyszystkami?

Znacznie rzadziej. I nawet jeśli, to ma to nieporównanie mniejsze znaczenie. Nie spotkałem się jeszcze z przypadkiem, by kobieta odeszła, bo np. mężczyzna był za mało albo za bardzo owłosiony. Jeżeli już kobieta jest fetyszystką, to najczęściej chodzi o zapach – jakichś perfum albo w ogóle mężczyzny. Stosunkowo często zdarzają się też fetysze munduru lub sutanny. Z tym pierwszym jest mniejszy problem, bo taka kobieta wyjdzie za wojskowego i ma mundur na co dzień. Gorzej z sutanną, ale i w tym przypadku możliwości są większe niż kiedyś. Szacuje się przecież, że już ponad połowa księży nie dochowuje celibatu.

W każdym razie fetyszyzm kobiet nie jest czymś, z czym pacjentki przychodzą do terapeuty. Partnerowi nie przeszkadza przecież, że ona z upodobaniem obwąchuje jego koszulę. Znam jedną sytuację, kiedy ten fetyszyzm robi się kłopotliwy: gdy kobieta ma go od poprzedniego partnera i narzuca nowemu, np. czym ma pachnieć albo jak się nosić. Mężczyzna, który uświadomi sobie, że partnerka każe mu wchodzić w buty poprzednika, ciężko to znosi.

Jakich zachowań w łóżku wstydzą się kobiety?

Tych, których subiektywnie nie akceptują. Dość często zdarza się, że kobieta nie lubi seksu oralnego, a co za tym idzie wstydzi się tego rodzaju pieszczot, ma wobec nich zahamowania. Niektóre kobiety wstydzą się swoich reakcji seksualnych, wydzielin swego ciała albo jęków. Odbierają takie reakcje jako zachowania zwierzęce.

Wstyd może tak naprawdę dotyczyć wszystkiego, co jest związane z seksem, ale przyznam, że nie jest to bardzo częsty problem w gabinetach seksuologów. Dziś to wręcz margines. Ten wstyd kobiet nieporównanie się skurczył przez ostatnich kilkadziesiąt lat. Kiedyś kobiety wstydziły się rozebrać, a nawet wstydziły się tego, że zaczerwieniły się w obecności mężczyzny. Dziś ani się nie czerwienią, ani tym bardziej nie wstydzą.

Dość typowy wstyd wiązał się z dziewictwem kobiety. A dziś, kiedy w ogóle wokół seksu jest coraz mniej wstydu, również rzadziej kobiety wstydzą się, że jeszcze nie współżyły z mężczyzną. Pewnie są środowiska, w których zachowanie czystości jest wstydem, ale jednocześnie pojawiają się takie, dla których jest to duma. Niejednokrotnie spotykam kobiety, które obnoszą się ze swoim dziewictwem, traktują je jako wyróżnienie, pójście pod prąd, świadectwo nonkonformizmu. Są całe ruchy, w których młodzi ludzie deklarują powstrzymanie się od współżycia do ślubu, zakładają obrączki, które są znakiem takiej decyzji. Kiedyś jeśli dziewic nie potępiano, to w każdym razie nie obnosiły się one z tym tak, żeby na ulicy każdy mógł rozpoznać, która jeszcze nigdy nie była z mężczyzną.

Mężczyźni wolą nas w wersji bezpruderyjnej, otwartej w sprawach seksu?

Najlepszy jest złoty środek. Jeżeli kobieta jest tak zawstydzona nagością, intymnością, że to ją zupełnie blokuje i seks jest niemożliwy, to trudno o zadowolenie partnera. Ale też nie znam mężczyzny, który byłby szczęśliwy, widząc, jak jego nowa dziewczyna zaraz po przekroczeniu progu jego mieszkania wyskakuje z ciuchów i golusieńka ciągnie go do łóżka. U panów na ogół w takiej sytuacji zapali się lampka alarmowa: skoro tak łatwo jej to przychodzi ze mną, to z innymi pewnie też. Tak myślą mężczyźni, zwłaszcza jeżeli mają tzw. poważne plany względem kobiety. Co innego, gdy to będzie para kochanków, która umawia się na seks. Wtedy łatwość kobiety jest mile widziana.

Spotyka pan jeszcze kobiety, które dadzą się dotknąć tylko pod kołdrą, w bieliźnie i przy zgaszonym świetle?

To już jest wielka rzadkość. Jeżeli przychodzi do mnie para, która nie widuje się nago, to jest to dziś ewenement, żeby nie powiedzieć kuriozum.

To kwestia pokoleniowa?

Wiek nie gra roli. Spotyka się osoby z takimi zahamowaniami w różnym wieku. Jeśli np. ktoś z jakichś przyczyn rozpoczyna współżycie późno, po czterdziestce, to może mieć tego typu opory. Podobnie osoby po praniu mózgu w jakiejś antyseksualnej sekcie. Takie rzeczy się zdarzają, ale są już dziś zupełnym marginesem.

Czego się wstydzimy poza zachowaniami w łóżku?

Najczęściej chodzi o wstyd z powodu reputacji kobiety „łatwej" w przeszłości. Jeśli partner czy środowisko zna tę przeszłość, bywa ona dużym problemem dla późniejszego życia. Oczywiście jeżeli oboje dobiorą się, tak że każde w młodości się wyszumiało, miało wielu partnerów, nawzajem o tym wiedzą, ale jest to zgodne z ich systemem wartości, wówczas mogą świetnie się zgrać. Pamiętam związek dziewczyny z agencji towarzyskiej z jednym z jej klientów. On wiedział o niej, że miała wielu mężczyzn, ona wiedziała o nim, że korzystał z usług prostytutek, czyli też ascetą nie był, i świetnie się dogadywali. Ich systemy wartości się pokrywały.

Trudniejsza jest sytuacja, gdy dla mężczyzny ona jest pierwszą poważną partnerką, przed nią miał doświadczenia niewielkie bądź zerowe, a ona wręcz przeciwnie: ma przeszłość naszpikowaną tuzinami kochanków. Nawet jeśli partner o tym wie i to toleruje, to jeszcze nie znaczy, że pogodził się z tym faktem wewnętrznie, że go zaakceptował. W całkiem banalnej sytuacji, gdy oglądają np. komedię romantyczną, w której bohaterka skacze z łóżka do łóżka, powstaje niewypowiedziane napięcie. Na tym tle mogą się rodzić konflikty. Jeszcze gorzej, gdy partner o tym nie wie, ale od kogoś się dowie. Jeśli tzw. zasady są dla niego istotną wartością, wtedy przyszłość takiego związku jest więcej niż niepewna.

Kobiety często żałują bujnej przeszłości?

Stosunkowo często. Stereotypy społeczne są tu mocne i łatwość nawiązywania relacji seksualnych wciąż nie należy do pożądanych cech partnerki. A jest dość typową historią, że dziewczyna łatwo idzie w seks w okresie dojrzewania, naśladuje koleżanki, chce dopasować się do grupy rówieśniczej, grają w butelkę i przeróżne gry seksualne. I dopiero po latach zakochuje się naprawdę. Dopiero kilka lat po inicjacji spotyka swoją pierwszą miłość. Wówczas jej przeszłość potrafi być naprawdę obciążeniem. Pojawia się silny wstyd, poczucie popełnienia wielkiego błędu. Miałem taki przypadek – zakochany mężczyzna dowiedział się, że jego wybranka brała udział w seksie grupowym. Ona nie chciała mieć przed nim tajemnic, przyznała się, ale w jego głowie jej obraz zaczął się rozsypywać. Kochał ją, ale nie umiał się pogodzić ze świadomością, że mieli ją inni mężczyźni. Wyobraźnia wskoczyła na najwyższe obroty, on cały czas miał ją przed oczami z tymi innymi. Związek się rozpadł, mimo że się kochali.

Czy kobiety mają jakieś seksualne tabu?

Raczej nazwałbym to oporami, a nie tabu: to, że jedno chce seksu analnego, a drugie nie. Albo oralnego. Prawdziwych tabu, które nie mogą zostać dotknięte w normalnych relacjach, już raczej nie ma.

Rozdział III.
Czego o sobie nie wiemy, czyli problemy z komunikacją

Rozdział III.

Semantyka damskich gestów / mapa nieporozumień / kobiety nie wiedzą, czego chcą / strategie zazdrości / męskie marzenia i kobiece fantazje / fobie i udawane orgazmy / jedno zdanie, które zabija / hierarchia kobiecych typów / rywalizacja plemników / nieuświadomione emocje / czego nam trzeba na co dzień

Czego mężczyźni nie wiedzą o kobietach?

Podstawowy problem: sygnały, które wysyłają kobiety, są bardzo często dla mężczyzn nieczytelne. Banalna rzecz: jeżeli rozmawiają kobieta i mężczyzna, i on potakuje, to znaczy „ja się zgadzam z tym, co mówisz". Kiedy potakuje kobieta, znaczy to tylko „ja cię słucham". Z tej przyczyny biorą się nieporozumienia: on uznał, że ona wyraziła zgodę, przyznała mu rację, tymczasem ona absolutnie nie miała takiego zamiaru, a jedynie życzliwie kiwała głową.

Analogicznie uśmiech kobiety wcale nie musi oznaczać, że jest zadowolona. Mężczyźni uśmiechają się tylko wtedy, gdy wszystko gra. Kobiety neutralizują uśmiechem spodziewaną agresję, stosują uśmiech jako samoobronę. To znowu prowadzi do spięć. Namolny mężczyzna, który napotyka uśmiech kobiety, odczytuje go jako akceptację swoich zachowań, które wręcz budzą jej zadowolenie. Tymczasem dla kobiety to może być wyłącznie reakcja obronna. To jest automat, neutralizacja agresji samców.

Typową sytuacją jest, że kobieta zachowuje się w sposób, który budzi męskie zainteresowanie – cieszy ją , że doprowadza mężczyznę do stanu, w którym jest gotów iść na całość. I wtedy nieoczekiwanie dystansuje się od niego, wycofuje się. Bo osiągnęła swój cel: przekonała się, że jest obiektem pożądania. Niczego więcej nie chce. A mężczyzna wręcz przeciwnie: dopiero teraz chce czegoś więcej. I nie rozumie dlaczego, skoro spotkał się z zachętą, tego nie dostaje. To są bardzo częste sytuacje nie tylko w normalnych relacjach męsko-damskich, ale też w mojej pracy eksperta sądowego w sprawach o przemoc seksualną.

Kiedy mężczyzna mówi „nie", zawsze ma na myśli „nie"?

Tak, to jest oczywista oczywistość.

Natomiast przyjęło się uważać, że gdy kobieta mówi „nie", to znaczy „być może".

To prawda, mężczyźni na pewnym etapie gry damsko-męskiej nie traktują kobiecych słów wprost. Tymczasem – podobnie jak feministki – uważam, że kobieta na każdym etapie nawiązywania relacji z mężczyzną ma prawo powiedzieć „nie". Wielu mężczyzn wciąż uważa, że po przekroczeniu pewnej granicy to prawo niejako traci. Oni nie potrafią się już wycofać. Co więcej, wiedzą, że kobieta często mówi „nie" wyłącznie z poczucia winy. Czyli doprowadza do sytuacji łóżkowej, po czym zaczyna się wycofywać, podświadomie licząc na przełamywanie jej oporu. Po takim seksie ona będzie miała poczucie, że nie jest winna, że została przymuszona. I z takim przekonaniem będzie jej lepiej. Są kobiety, które mówią partnerowi z uśmiechem na ustach:

„Przecież ty mnie zgwałciłeś, zbałamuciłeś". I mężczyźni doskonale na ogół wyczuwają, na czym polega ta gra.

To się na różne sposoby przekłada na harmonię związku. Zdarza się, że nawet stały partner jest posądzany przez kobietę – i słusznie – o gwałt. On się broni, że ona zachowuje się prowokacyjnie, po czym nagle się rozmyśla. Co więcej, kobiety potrafią mieć na przykład pretensję, że w większym towarzystwie partner nie bronił jej przed namolnym adoratorem. Mężczyzna ma o tę samą sytuację pretensję odwrotną: że kobieta zachowywała się wobec innego mężczyzny zachęcająco. A ona po prostu tak ma, że uwielbia zwracać na siebie męską uwagę, ale bez zgody na dalszy ciąg.

Dla mężczyzny na poziomie emocjonalnym komunikat prowokującej kobiety jest jasny: chce iść do łóżka. Tak samo jak jasnym jest, że jeśli on zaprasza ją do siebie na wieczór na wino i by pokazać jej kolekcję płyt, i ona zaproszenie przyjmuje, znaczy: godzi się na seks. Dla niej wcale to nie musi być oczywiste. Zdarza się, że na pierwszej randce u niego będą siedzieć na kanapie, trzymać się za rękę, a on później odprowadzi ją do domu. Ale w grę wchodzą tylko dwa warianty. Albo on doskonale wie, że jest to typ kobiety, która ceni sobie galanterię, i chce jej się w ten sposób przypochlebić; albo on się boi i czeka na jej inicjatywę. On stworzył warunki – wieczór, puste mieszkanie – ale zacząć musi ona. On nie zrobi pierwszego kroku. Jeden i drugi wariant sprowadza się do tego samego – kobieta zgadza się przyjść do mężczyzny, on tak czy inaczej traktuje to jako zgodę na seks.

I coraz częściej się zdarza, że wyczekuje inicjacji z jej strony.

I tu mamy kolejny istotny problem ze wzajemnym niezrozumieniem się. Lęk mężczyzn przed kobietami jest zjawiskiem coraz powszechniejszym. Niektórych już w dzieciństwie mama straszyła: uważaj synku, co ci zrobi baba, bo baby są fałszywe, wyrachowane itp. To wynika z matczynego pragnienia, by być jedyną kobietą w życiu syna. Ale męskie lęki biorą się też z faktu, że mężczyźni w czasach wyemancypowanych kobiet czują się słabi, niepewni, nieatrakcyjni. Albo boją się, że kobieta będzie miała większe doświadczenie seksualne od niego. A najbardziej mężczyźni boją się: ośmieszenia, odrzucenia, kompromitacji. Jeśli seks będzie z jej inicjatywy, a jemu nie wyjdzie, to jeszcze może uratować twarz. Natomiast jeśli sam zainicjuje kontakt zakończony niepowodzeniem, to nieraz usłyszy zdanie „co z ciebie za mężczyzna" lub „jesteś do niczego". Takie słowa potrafią zablokować mężczyznę na wiele lat. Często przychodzą do mojego gabinetu wieloletni single, którzy nie potrafią się związać, bo mają lęk wobec kobiet. A zachowania kastracyjne, bo tak je trzeba nazwać, są wśród kobiet wcale nierzadkie.

„Zachowania kastracyjne" – to brzmi definitywnie. Miał pan pacjenta, który po takim przeżyciu nigdy już nie związał się z kobietą?

Mam takich pacjentów, których jedno zdanie załatwiło na wiele lat. Czasem terapeuta może pomóc im zneutralizować lęk, ale niechęć do kobiet może pozostać na całe życie.

Jakich komunikatów jeszcze nie odbierają mężczyźni?

Bardzo częstym powodem do konfliktów bywa dla kobiety fakt, że po kilku latach udanego narzeczeństwa partner nie proponuje ślubu. Temat w ogóle się nie pojawia. Kobieta nie czuje się wtedy w pełni akceptowana, jest zawiedziona. Co innego, jeśli mieszkają razem i uzgodnili, że ślub nie jest im do niczego potrzebny. Ona nie czeka na oświadczyny, bo doszli do porozumienia, że nie będą formalizować tej relacji. Ale jeśli takie ustalenia nie zapadły, to kobieta po trzech, czterech, pięciu latach chce już wić gniazdo i często stawia ultimatum: albo w tę, albo we w tę. A mężczyzna nie traktuje takich słów śmiertelnie poważnie, dla niego jest to tylko propozycja. Natomiast ona po takich słowach oczekuje jasnej deklaracji. To moment, kiedy dla niej związek, który nie rokuje, że zakończy się czymś trwałym, jest stratą czasu i energii. Kobieta w takiej relacji będzie się czuć jako partnerka tymczasowa, a nie docelowa. Pojawia się myśl, że widocznie nie zasługuje na bycie jego żoną. I nic tu nie zmienia, że związek jest udany, bo z czasem pojawia się na tym tle napięcie. Przychodziła do mnie para, w której ustało współżycie. Mieszkali razem kilka lat i nagle partnerka straciła potrzebę seksu. Analizuję wszystkie możliwe przyczyny – tej, której szukam, nie widać. A oboje twierdzą, że kochają się, nie mają żadnej hipotezy, co mogło się stać. Wreszcie na którymś spotkaniu dochodzę do tego mechanizmu. Gdy mówię, jaki jest powód kryzysu w ich związku, kobieta ma łzy w oczach. Okazuje się, że relacja erotyczna zaczęła się psuć po rozmowie, w której partner odmówił legalizacji związku. Bez wytłumaczenia, bez uzasadnienia. I dopiero w gabinecie kobieta zaczyna kojarzyć, że to wtedy jej ciało zaczęło odmawiać seksu, bo zostało zachwiane poczucie wartości i bezpieczeństwa.

Ale sprawę i tak skomplikowanych relacji między płciami dodatkowo gmatwa istnienie kobiet, które autentycznie same nie wiedzą, czego chcą, co mają na myśli, jaki komunikat chcą przekazać. Mężczyźni raczej się tacy nie zdarzają. Kobiety zaś potrafią zmieniać zdanie z godziny na godzinę. Wysyłać komunikat, po czym za chwilę wysyłać wręcz przeciwny. One w gabinecie same przyznają, że są w sobie zagubione, nie wiedzą, czego chcą. A co za tym idzie, ich sygnały są nie do odczytania. Dają znak, że pragną seksu, ale za chwilę już tracą ochotę. Trudno żyć z taką osobą, ale jest ich całkiem sporo. W takich przypadkach konflikty są nieustanne, bo między nimi nic nie jest do ustalenia. Umawiają się, że spędzą wieczór u przyjaciół, ale ona w ostatniej chwili się rozmyśla. I sama nie jest pewna, czy w ogóle chciała tam iść. Jego trafia szlag, bo jednak mężczyźni lubią mieć określony plan, wiedzieć, na czym stoją. Jej nieokreśloność jego doprowadza do szału. To wynika z emocji, które u kobiet są zmienne, a u niektórych bardzo zmienne. I jeśli ona podejmuje decyzje wyłącznie pod wpływem emocji, wówczas te decyzje są co i rusz zmieniane.

Ale mężczyzna jest równie zirytowany, gdy kobieta nieoczekiwanie narzuca mu całkiem nowy plan. To jest dość częste, bo to panie na ogół pilnują w rodzinie przyziemnych spraw. I teraz wyobraźmy sobie, że mężczyzna wraca z pracy, zawsze jest w domu o 16.30. Ona do niego dzwoni z komunikatem „o 17 wywiadówka w szkole". Dla kobiety to przekazanie niewinnej informacji, a dla niego czasem niemal cios: miał inne wyobrażenie o tym popołudniu, a kobieta podjęła decyzję, że on ma zmienić swój plan i iść do szkoły dziecka. Zawsze radzę: lepiej mężczyzn przygotować na takie zadania; o wywiadówce, obiedzie u teściowej mówić im kilka dni wcześniej. Zaskakiwanie mężczyzny decyzją naraża na konflikt, bo rodzi u niego agresję.

Kobiety są bardziej elastyczne, jeśli chodzi o zmianę planów?

Oczywiście. One są przyzwyczajone, że w relacjach międzyludzkich wszystko jest zmienne, nic nie da się z góry przewidzieć. Kobieta jest przygotowana do tego, że dziecko zmienia plany, decyzje, zachowuje się w sposób nieoczekiwany. I one znakomicie potrafią się dostosować. Mężczyzn to męczy. W relacjach partnerskich on raczej woli wiedzieć, czego ma się spodziewać. Chyba że mamy do czynienia z takim, który uwielbia się podporządkowywać kobiecie, zawsze decydowała za niego mama, i jemu odpowiada układ, w którym partnerka rozstrzyga, dokąd jadą, na jak długo, i sama kupuje bilety.

Czego kobiety nie wiedzą o mężczyznach?

Na przykład, jak są czuli na własnym punkcie. Kobiety nie doceniają w ogóle, że panowie uwielbiają wchodzić w rolę terapeuty, który leczy je z kompleksów czy otwiera na seks. Są wówczas dumni i oczekują pochwały. A kobiety im tych pochwał szczędzą albo w ogóle ich nie wypowiadają. Wtedy czują się niedowartościowani.

Albo inny, dość powszechny rodzaj bolesnych dla mężczyzn zachowań. Ona nieraz potrafi sobie zażartować z niego, zupełnie bez złych intencji, ale publicznie. Dla mężczyzny jest to śmiertelna obraza, że własna kobieta wystawia go na pośmiewisko. A panie w towarzystwie często opowiadają o śmiesznostkach swoich mężczyzn. Podam taki przykład, który obrazuje, jak bardzo łatwo, bez złośliwości kobieta może poważnie urazić partnera. Otóż jedna pani w towarzystwie zażartowała, że mąż godzinami pucuje i dopieszcza samochód, jakby był jego kochanką. Miało być śmiesznie, ale on to odebrał jako przytyk, że jest niezdolny do posiadania kochanki, więc wyżywa się przy aucie.

W szerszym gronie zdarza się też, że mężczyzna, który w domu jest milczkiem, odżywa, zaczyna być duszą towarzystwa. Jeśli kobieta nie znała go z tej strony, automatycznie jest przekonana, że on w ten sposób emabluje którąś z pań, że to dla którejś z nich tak tokuje. On tłumaczy, że nic z tych rzeczy, po prostu dobrze się bawił. Do niej najczęściej te argumenty nie przemawiają i kłótnia na tle zazdrości gotowa.

Kobiety są bardziej zazdrosne?

Na obu biegunach – braku zazdrości i zazdrości patologicznej – znajdziemy przedstawicieli obu płci. Tyle że obie są zazdrosne inaczej: kobiety o czas, uwagę, zainteresowanie partnera, a mężczyźni o fizyczne oddanie się innemu. Kobiety w większym stopniu są skłonne wybaczyć partnerowi jednorazowy skok w bok niż wielomiesięczne rozmowy, spotkania, listy, maile z inną kobietą. I nie daj Boże jeszcze mężczyzna przyzna się do platonicznych uczuć wobec innej. Nic z tego, że będzie zaklinał partnerkę, że z tą kobietą chodzi tylko o emocje, nie ma mowy o seksie. Nic z tego, nawet jeśli będzie to prawda – kobietę i tak zaboli to bardziej, niżby dowiedziała się o sporadycznej zdradzie. Zupełnie inaczej odbierają to mężczyźni. Dla nich nawet jednorazowy seks partnerki na boku jest większym ciosem niż więź uczuciowa czy intelektualna z kimś innym. Ale kobiety nękane patologiczną zazdrością ze strony partnera są bardziej skłonne szukać pomocy u terapeuty. Mężczyźni wolą unikać wizyty u specjalisty, bo żyją w przeświadczeniu, że z problemami powinni radzić sobie sami. Przychodzą, kiedy są już udręczeni zazdrością partnerki, kiedy sięgnęła ona etapu urojeń w rodzaju „pachniesz inną kobietą", „spałeś z inną". On tłumaczy, że wrócił z pracy punktualnie tak jak zawsze. Na to ona: „Tak, ale wcześniej z niej wyszedłeś". Dyskusja z patologicznie zazdrosną osobą jest trudna, wszystko może zostać wykorzystane przeciwko nam, a niewinność jest nie do udowodnienia.

Do czego potrafi się posunąć zazdrosna kobieta, jakie granice przekroczyć?

Zazdrosna kobieta zaczyna sprawdzać wszystko, dosłownie: ubrania, kieszenie, portfel, samochód, pościel, telefon, komputer, listy, kalendarze, notatki. Znałem niejedną kobietę, która stworzyła ciasną sieć, w której miotał się partner – chyba że nie chciał się dłużej miotać, i odchodził.

Co to znaczy „ciasna sieć"?

Kobieta chce znać każdy ruch mężczyzny, on ma się jej spowiadać z każdej minuty, której nie spędził w domu i pracy. Ona oblicza, ile czasu zajmuje mu przejazd z biura do domu i każda minuta spóźnienia wywołuje podejrzenia. Znałem i taką, która przy pomocy znajomego fachowca oplotła dom systemem podsłuchowym. Nagrywały się wszystkie jego rozmowy, każdy telefon.

I słusznie go podejrzewała? Odkryła zdradę?

Jej się wydawało, że tak. Ale w istocie patologiczna zazdrość doprowadziła ją do urojeń, zaczęła nierealnie interpretować treść jego rozmów. Była przekonana, że on kontaktuje się z kochanką systemem kodów. Ja sam przecież do moich trzech asystentek mówię często „kotku". Gdyby moja żona miała paranoję, połowę moich rozmów mogłaby zinterpretować jako umawianie się z kochanką, skoro mówię: „No, to kotku, spotykamy się na zebraniu zakładu". Tamtej kobiecie dużo subtelniejsze słowa wydały się dowodami zdrady.

Czy to jest choroba, czy też normalne zachowanie, tylko mocno zafiksowane na kontrolowaniu partnera?

Wszystkie zespoły paranoiczne mają to do siebie, że człowiek zachowuje się zupełnie normalnie – z wyjątkiem tego zakresu, obszaru życia. Normalnie funkcjonuje, pracuje, bawi się z dziećmi, ale na punkcie wierności partnera dostaje paranoi.

To tak jak z osobami w ciężkiej żałobie: mogą roić o niestworzonych przyczynach nagłej śmierci partnera. Robią w domu ołtarzyk, twierdzą, że codziennie rozmawiają z duchem ukochanego, i w tej atmosferze potrafią w odpowiedni sposób interpretować także wszystko to, co im się przydarza. Dopatrują się śladów obecności zmarłego w najdziwniejszych miejscach. Książka była otwarta, a jest zamknięta – to znak obecności. A poza tym taka osoba funkcjonuje całkiem normalnie. Podobnie jest z zazdrością: dowodem na zdradę może być powrót późniejszy, ale też wcześniejszy. Kwiaty przyniesione przez męża, ale też brak kwiatów. Zaproszenie na obiad, ale i brak zaproszenia. Przy partnerze patologicznie zazdrosnym wszystko jest interpretowane jako dowód zdrady. Znam nawet przypadek zaindukowanej patologicznej zazdrości. Skończył się pobytem w szpitalu psychiatrycznym obu partnerów.

Co to za historia?

Ona była przekonana, że jej mąż, emeryt, romansuje ze swoją byłą asystentką, która w ostatnim czasie sprowadziła się do mieszkania w okolicy. Żona uważała, że mąż wstaje w nocy, idzie do tamtej, a po seksie wraca do łóżka małżeńskiego. Jako dowód zdrady pokazywała mu, że ma kapcie poplamione błotem, przez które musiał iść. On mi mówił: „Wie pan, ja w nocy śpię, nie kojarzę, żeby takie rzeczy się działy, niczego nie pamiętam, ale kto wie, może jak śpię, to mi się to zdarza?". Człowiek zaczął wierzyć, że to możliwe, że zupełnie nieświadomie zdradza żonę, w dodatku jeszcze w nocy, poza domem. W psychiatrii nazywa się takie przypadki psychozą indukowaną. Ich życie zostało podporządkowane tej paranoi. Żona cały czas go pilnowała.

Ale jaka była prawda?

Prawda była taka, że on w nocy spał, nigdzie się nie ruszał. Nie było mowy o romansie. Przekonaliśmy się o tym, gdy tego mężczyznę skierowałem na oddział zamknięty: przesypiał całe noce w swoim łóżku, a żona – również hospitalizowana – była przekonana, że lekarze są w zmowie z jego kochanką i romans trwa.

Czego pragną mężczyźni, ale nam tego nie powiedzą?

Powszechnie marzą np. o seksie oralnym, ale jeśli wiedzą, że partnerka tej formy pieszczot nie znosi, wówczas jej o tych marzeniach nie powiedzą. Są jednak bardzo solidne badania, które pokazują wielką rozbieżność upodobań mężczyzn i kobiet w tej mierze. Korzystają z tego panie lekkich obyczajów stojące na poboczach dróg. Tam najczęściej oferowaną usługą jest właśnie miłość francuska. Powszechnym marzeniem panów jest też wykorzystywanie w łóżku rozmaitych figlarnych pozycji, innych niż dwanaście standardowych. Czytelniczki pism kobiecych nawet wiedzą o istnieniu innych niż klasyczna form współżycia i chciałyby praktykować np. seks taoistyczny. Ale nie mają na tyle zapału do pracy nad związkiem, by pójść do biblioteki, trochę o tym poczytać czy choćby raz dziennie poćwiczyć mięśnie Kegla. Bo niestety wiele kobiet w łóżku jest leniuchami i oczekują, że partner im pokaże fiki-miki po japońsku, a one będą biernymi uczestniczkami.

Co to znaczy, że kobiety w łóżku są leniuchami?

Żeby było jasne: mężczyźni też leniuchami bywają. Miałem pacjenta, który kładł się na plecach, ręce za głowę, i mówił „zajmij się mną" – uważał, że jest taki piękny, wspaniały, no, Adonis po prostu, że partnerka ma go podziwiać, obsługiwać i obdarzać przyjemnościami.

U kobiet jest to jednak częstsze, że oczekują „pełnej obsługi": partner ma stworzyć nastrój do seksu, zachęcić je, podniecić, doprowadzić do orgazmu, i jeszcze potem nie zasypiać od razu. A one mogą być bierne.

Każda z nich w ostateczności po prostu nie lubi być aktywna, nie lubi kreować sytuacji seksualnych, nie bawi się seksem.
Z czego to wynika?

Choćby z tego, że nie miały gdzie się takiej aktywności nauczyć, nie dostały żadnego wzorca. W domu niczego się na te tematy nie mówi, w szkole nie ma wychowania seksualnego, a mężczyźni na samym początku większości związków utrwalają tę postawę, przejmując inicjatywę. Mężczyzna napalony jest niezwykle twórczy, jeśli chodzi o doprowadzenie wybranki do łóżka. A wybranka oczekuje, że tak powinno być już zawsze, nie tylko w pierwszych miesiącach związku. Tylko nieliczne panie cokolwiek o sztuce miłosnej czytają, pogłębiają swoją świadomość erotyczną, zaczynają się zastanawiać, że może jednak spróbować...

No właśnie, czego?

Jak to jest poszukać innej pozycji seksualnej, jak to jest przejąć inicjatywę, jak to jest być na górze, udawać dominację itp.

Trzeba też jednak uczciwie oddać, że kobietom często się w łóżku nie chce, bo są zwyczajnie przemęczone. To się nasila zwłaszcza po porodzie, kiedy do pracy zawodowej i prac domowych dołączają nieprzespane noce, obsługa malucha, który miewa gorączkę czy kolkę. Seks często staje się darem „dla niego". Jej też było przyjemnie, ale naprawdę nie ma siły się tym zająć od początku do końca. Jemu bardziej zależy, jej na więcej nie stać, i tak to utrwala się w rutynę, iż to mężczyzna przejmuje inicjatywę.

Co pan może doradzić?

Wie pani, kobiety nie przychodzą do mnie z problemem, że są mało twórcze w łóżku. I dla panów też nie jest to powodem wizyty u seksuologa. Mężczyzna przyjdzie po poradę, jeśli miał dotąd doświadczenia z partnerką aktywną, a dziś jest w związku z pasywną. On mógł się już silnie uwarunkować na aktywny sposób przeżywania seksu przez kobietę i przy tej „leniwej" nie jest w stanie się podniecić. Nieraz przychodzi do mnie mężczyzna, który miał doświadczenia z partnerką, która dotykała jego członka, pieściła go, doprowadzała do erekcji. Wtedy może dojść do uwarunkowania, że erekcja jest tylko po takim pobudzeniu ręką. A nowa partnerka nie lubi takich pieszczot, nie lubi go dotykać, więc mężczyzna nie jest w stanie się podniecić i doprowadzić do erekcji. I z seksu nici. Czasami są to tego typu banalne problemy, że wystarczyłaby z jej strony odrobina aktywności, by wszystko się ułożyło.

A kobiece pragnienia, o których mężczyźni nie wiedzą?

Jest ich masa, ale kobiety nie mają się po co nimi dzielić, skoro i tak wiedzą, że nie zostaną spełnione. To są marzenia w rodzaju podróży dookoła świata, kiedy partner zarabia w budżetówce. W łóżku one też nie zdradzają pragnień, zwłaszcza tych, które mężczyzna mógłby potraktować jako mu zagrażające: gdy ona chce dłużej, częściej, inaczej, a on już nie może, nie jest w stanie spełnić jej oczekiwań. Kobiety o tym nie mówią, bo doskonale wiedzą, jak daleko w realizacji swoich fantazji mogą się posunąć. Tych fantazji jest mnóstwo, ale łączy je jeden charakterystyczny aspekt: kobieta jest w nich stroną biorącą, otrzymującą coś od partnera. Rzadko są to marzenia o dawaniu, czynieniu czegoś partnerowi. Mężczyźni odwrotnie: na ogół marzą, co oni mogliby dać kobiecie, jeśli by im na to pozwoliła.

A czego mężczyźni najbardziej się boją, ale o tym nie powiedzą?

Na przykład kobiecego płaczu. Dla większości panów płacz świadczy o uczuciowej apokalipsie. Wielu mężczyzn płacze tak naprawdę kilka razy w życiu. Kobietom przychodzi to znacznie łatwiej, ale na poziomie emocji oni nie zawsze zdają sobie z tego sprawę. Odbierają jej łzy jako wyraz absolutnej katastrofy, czują się bezradni. Tymczasem kobiety płaczą często po prostu w stresie, płacz przynosi im ulgę. Nieraz przychodzą do mnie mężczyźni, którzy znaleźli się w trójkącie: kochanka domaga się, by odszedł od żony, żona dowiedziała się o kochance i domaga się, by zerwał ten romans. Obie przy tym płaczą, a on jest wykończony samym tym lamentem. Nie jest w stanie podjąć decyzji.

Ale największe obawy budzą porównania z poprzednikami, oczywiście na niekorzyść: jaki poprzedni partner był w łóżku, jak duży miał członek. Kobiety często nie zdają sobie sprawy, jak silne męskie obsesje tu tkwią. Co innego porównania na korzyść w rodzaju „jesteś najlepszy ze wszystkich, których miałam" itp. – to u mężczyzn wywołuje pełny zachwyt. Tylko że są kobiety, które mówią tak każdemu, i nawet mogą być w tym szczere. To jest zjawisko wielokrotnej inicjacji kobiet: jeśli ona jest naprawdę zakochana, wtedy naprawdę czuje, że obecny kochanek jest najlepszy ze wszystkich. I czuła tak również z każdym poprzednim. Panowie nieraz zdają sobie z tego sprawę i podejrzewają, że ten zachwyt nad nim wynika bardziej z emocjonalności partnerki niż z rzeczywistej przewagi nad poprzednikami. I niektórzy dociekają, jak jej naprawdę było z tymi, których miała wcześniej. I się zadręczają.

Mężczyzna boi się oceny, jakim jest kochankiem. Dlatego częste są pytania „czy było ci dobrze?". I partnerka nie zdaje sobie na ogół sprawy, że zadawane są z duszą na ramieniu.

Przecież powinien wiedzieć. Chyba że kobieta udawała orgazm.

A robi tak statystycznie co dziesiąta. I te, które mają normalne orgazmy, też udają, że mają, mimo że akurat nie tym razem. Kobieta nie musi za każdym razem szczytować, potrafi czerpać satysfakcję z kontaktu niezakończonego orgazmem. Ale udaje dla mężczyzny, bo on jest przekonany, że jeśli mu się nie udało jej doprowadzić na szczyt, ona tworzy wokół tego poważny problem.

Partnerzy nie domyślają się, kiedy orgazm jest udawany, a kiedy nie?

A skąd! Jestem zresztą przekonany, że kobiety w ogóle są urodzonymi aktorkami – i mówię to bez niechęci do nich. Po prostu niektóre wręcz od przedszkola znakomicie wchodzą w rozmaite role: wdzięczenia się, lubienia, obrażania. Ewolucyjnie wasza płeć jest ukierunkowana na to, by zwracać uwagę, budzić zainteresowanie, być atrakcyjną. Kobiety nieświadomie zmieniają chód czy tembr głosu, kiedy pojawia się atrakcyjny mężczyzna. A jeśli zwrócić im na to uwagę, zaprzeczają, są zdumione. I to zdumienie jest szczere, bo tego typu zachowania to już są automatyzmy.

Niekiedy zresztą ona tak się zagmatwa w swoich kreacjach, że sama nie wie, kiedy jest prawdziwa, a kiedy udawana. Skarżą mi się w gabinecie: „Ja już nie wiem, jaka naprawdę jestem, nie wiem, kiedy gram, a kiedy jestem prawdziwa". Przychodzą, bym im pomógł poznać samą siebie. Jednym te gry wychodzą lepiej, innym gorzej, ale dla dorosłej kobiety udawanie orgazmu to pestka.

Spotkał pan taką kobietę, która nigdy nie przeżyła orgazmu, choć jej kolejni partnerzy byli pewni, że przeżywa go za każdym razem?

Oczywiście, niejedną. To nie jest takie rzadkie, żeby przyszła pacjentka, która ma za sobą kilka, kilkanaście związków, w żadnym nie osiągała orgazmu i żaden partner się tego nie domyślał. Moim zadaniem jest przede wszystkim zrozumieć, gdzie tkwił problem, że ona tego orgazmu nie osiągała. Czasami rozwiązanie okazuje się tak banalne, że kobieta aż jest zła na siebie, że niepotrzebnie się przez tyle lat męczyła i udawała. Receptą okazywało się np. wypicie niewielkiej dawki alkoholu, tak żeby być na lekkim rauszu – tu na ogół najlepiej sprawdza się szampan. Kieliszek wystarczał, żeby kobieta się rozluźniła i po raz pierwszy w życiu przeżyła orgazm. U niektórych pań wystarczała zmiana pozycji współżycia – bo dotąd za każdym razem robiły to „po bożemu", a ich anatomia wymagała odmiennych bodźców.

Gorzej, jeśli pacjentka jest osobą, która cały czas musi wszystko kontrolować, łącznie z własnymi reakcjami, przeżyciami. Nie pozwala sobie na puszczenie wodzów emocji. Wtedy z odzyskaniem orgazmu będą kłopoty.

Co najgorszego może usłyszeć mężczyzna od swojej partnerki?

Najgorsze jest publiczne odsłanianie tajemnic łóżka, a to się kobietom zdarza. W paplaninie, zwłaszcza po alkoholu, potrafią np. palnąć: „Mój nigdy nie bisuje", albo że jest „krótkodystansowcem". Kobiety na ogół powiedzą to mimochodem, niechcący, ale są też takie, które w ten sposób karzą partnera za swoją seksualną frustrację, za niezaspokajanie jej potrzeb w tej mierze. W naszym slangu terapeutów mówimy o takich zdaniach „toksyczne słowa". Tych wypowiedzianych publicznie mężczyzna długo nie zapomni. One mu się palą w mózgu jak neony, i kobiecie bardzo trudno jest to odkręcić.

Ostatnio miałem na psychoterapii parę, w której żona kilkakrotnie powiedziała mężowi, że jest „pierdołą" – wcale nie publicznie. Ale jego to niezwykle boli, zwłaszcza że ma wręcz przeciwny obraz samego siebie: jest zaradny, dużo pracuje, z powodzeniem prowadzi firmę, ludzie go postrzegają jako męskiego, zdecydowanego. Ale z perspektywy domowej jego partnerka widzi w nim osobę słabą, niezdecydowaną, która większość decyzji pozostawia jej. Ten neon w jego głowie bardzo długo nie chciał zgasnąć, mimo że kobieta próbowała go udobruchać, zneutralizować to określenie. Ale w nim ono bardzo długo zalegało.

Nawet po wielu latach trwania w udanym związku jedno zdanie potrafi diametralnie zmienić wzajemne relacje, ich nastrój. Są słowa, o których musimy wiedzieć, że ranią – tę konkretną osobę albo w ogóle mają charakter pejoratywny. Między innymi dlatego około dekady temu seksuolodzy na świecie zrezygnowali ze stosowania pojęcia „impotencji", a zastąpili je „zaburzeniami erekcji". Bo „ty impotencie!" stanowi dziś jeden z najgorszych epitetów, jakimi można zranić męską dumę. Słowa, które mężczyznę ranią najbardziej, to te, które odnoszą się do jego sprawności seksualnej, budowy genitaliów, umiejętności jako kochanka. Słowa też potrafią zranić kobietę, ale różnica polega na tym, że dla niej bardziej liczy się forma wypowiedzi, jej ton – czy słychać w niej pogardę, lekceważenie, agresję. Mężczyzna zaś zwraca uwagę na treść, konkretne sformułowanie. Kobieta wybaczy, jeśli powiemy jej czułe „mój ty słodki głupolku". Jeśli powiemy mężczyźnie „moja ty słodka pierdoło", on nie usłyszy czułego tonu, ale tylko komunikat ocenny: jesteś pierdołą.

Jakie słowa najbardziej potrafią zranić kobietę?

Komunikaty dotyczące jej atrakcyjności fizycznej typu „nikt cię nie będzie chciał", „nikt na ciebie nie poleci", „zbrzydłaś, zestarzałaś się", ale też „jesteś zimna jak kłoda drewna". To są te toksyczne słowa, które mogą domagać się sprawdzenia. Jeśli partner wygarnie kobiecie „nikt cię nie zechce", wtedy u niej pojawia się pokusa sprawdzenia, czy rzeczywiście nikt.

Każda para przecież się kłóci, ale nie każda potrafi kłócić się nietoksycznie. Padają słowa, których się później długo żałuje i których druga strona długo nie zapomni. Dopóki wygarniają sobie „jesteś egoistą! – jesteś nieznośna!", to co z tego? To samo można powiedzieć o kierowcy, który zajedzie nam drogę. Ale istnieją komunikaty, co do których domyślamy się, że będą ciosami poniżej pasa. I zasadą zdrowej kłótni jest po nie nie sięgać. Za każdym razem będzie to oczywiście wyśmiewanie np. impotencji. Ale w konkretnym przypadku toksyczne może być sformułowanie „jesteś wykapana mamusia" – kiedy mężczyzna ma na pieńku z teściową, a i kobieta krytycznie ocenia swoją matkę i nie chce powielać jej zachowań.

W zdrowej kłótni chodzi o to, by w komunikatach koncentrować się na tym, co mnie boli, a nie obrzucać partnera inwektywami. Wypowiadać diagnozę „czuję się zawiedziona, jest mi przykro, boli mnie to, że...", zamiast „jesteś beznadziejny, nie można na ciebie liczyć, do niczego się nie nadajesz". W czasie terapii uczymy pary takiego konstruktywnego sporu, by wypowiadane w złości słowa nie raniły do żywego. Wiadomo przecież, że partnerzy znają się lepiej niż inni i najlepiej wiedzą o swoich czułych punktach, kompleksach. Wykorzystywanie tej wiedzy w kłótni jest właśnie ciosem poniżej pasa. Jeśli kobieta w zaufaniu opowiedziała mężczyźnie swoją biografię i wyznała, jak poczuła się oszukana przez poprzedniego partnera i jak mocno to przeżywała, ten obecny nie może sięgać po tę wiedzę i mówić w złości zdania np. „zostawił cię, bo nie można z tobą wytrzymać".

Jakie kobiety są atrakcyjniejsze dla mężczyzn: wykształcone, zaradne czy po prostu ładne?

Najważniejsza dla mężczyzny pozostaje fizyczność. Wykształcenie, kariera – te cechy bywają uzupełnieniem w postrzeganiu kobiety, partnerki. Bywają ciekawym dodatkiem. Ale fakt, że ona jest wysokiej klasy menedżerem czy wybitną intelektualistką, nie jest afrodyzjakiem. Mężczyźni chcą w zasadzie kobiety atrakcyjnej, wiernej, gospodarnej, żeby stworzyła im dom, w którym wszystko będzie dobrze. I to z najważniejszych cech wszystko. Znam związek pana o szerokich horyzontach, zainteresowanego kulturą, cywilizacją, z panią o niezwykle nieskomplikowanym intelekcie. Lecz on ją bardzo kocha, jest zafascynowany jej kobiecością; mówi, że ona jest dla niego oazą, w której wypoczywa. Przy inteligentnej osobie to by mu się nie udało, intelekt cały czas musi być aktywny, bo mężczyzna za nic w świecie nie chce się skompromitować, wyjść na głupca.

Mężczyzny nie będzie podniecać pozycja zawodowa kobiety. Erekcja nie powstaje ani z powodu cnoty, ani intelektu, ani zawodowego sukcesu partnerki, i tego nie zmienimy. Odwrotnie reagują kobiety – jak mężczyzna jest nawet kaszalotem i pokurczem, ale osiąga sukces, staje się samcem alfa, to jego atrakcyjność seksualna w oczach kobiet rośnie. Tak to urządziła ewolucja. Pamiętam przypadek kobiety, która beznadziejnie zakochała się w swoim koledze z pracy – z poważnego urzędu centralnego. Pracowali ze sobą długo, ona go praktycznie nie zauważała aż do czasu, gdy on awansował. Zajął w tym urzędzie ważne, polityczne stanowisko. I ona wpadła po uszy, mimo że była związana z kim innym. Do tego kolegi zaczęła pisać listy miłosne, że zawsze go kochała, zawsze ją fascynował, że chłonie jego słowa, śledzi wystąpienia w telewizji. Wcześniejsze przelotne interakcje interpretowała sobie jako jego zainteresowanie. A on nie był zainteresowany, i zapewne nigdy nie był. Ale to pokazuje, jakim afrodyzjakiem dla kobiet jest władza.

Jest i druga strona medalu: zawodowa degradacja mężczyzny niezwykle osłabia pożądanie kobiety. Przed dekadą, gdy pojawiło się masowe bezrobocie wśród panów w sile wieku, to był poważny problem, partnerki traciły dla nich zainteresowanie. Na łeb na szyję w takim przypadku spada autorytet i atrakcyjność bezrobotnego mężczyzny. Jeśli jeszcze walczy, pazurami wyrywa pracę, dokształca się, rozsyła CV – to pół biedy. Ale jak się położy i popadnie w depresję – to koniec z seksem. A bezrobotna kobieta nie traci swej atrakcyjności.

Jak kobiety wyobrażają sobie najlepsze relacje z mężczyzną?

Jest taka jedna kobieca mantra, którą słyszę w gabinecie, wyczytuję w listach, słyszę w wywiadach – „on mnie nie rozumie". Czego one oczekują? Na moich zajęciach na temat psychologii różnic płciowych studenci skandują już na wyrywki hasło „czuj i myśl tak jak ja!" – tego chcą kobiety od mężczyzn. Kiedy ona wraca do domu po fatalnym dniu, który zaczął się od spóźnienia do pracy i nagany od rygorystycznego szefa, zaczyna się zwierzać mężowi ze wszystkich swoich emocji. A on mówi na to: „To po co się spóźniłaś?". Kobieta wtedy traci grunt pod nogami, bo oczekiwała zrozumienia dla swoich emocji, rozdrażnienia i potwierdzenia, że została niesprawiedliwie skrzywdzona. A na pewno nie oczekuje pouczenia. Męscy mężczyźni nie zdają sobie z tego sprawy. Ale ci, którzy mają silny pierwiastek kobiecy, potrafią to dać. Chętnie wysłuchają, rozumieją jej uczucia, próbują ją wyciszyć i pocieszyć. Panie to uwielbiają.

Ale to się kłóci z tym, że zakochujemy się w macho, mężczyznach stuprocentowo męskich.

Stuprocentowi macho przegrywają w rywalizacji plemników z tymi, którzy są dobrym materiałem na męża i ojca. Stale zgłaszają się do mnie kobiety z dylematem: z jednym mężczyzną jest im fantastycznie w łóżku – jest atrakcyjny, kapitalny samiec, podoba się innym kobietom i lubi z tego korzystać. Zabiega jednak o nią drugi mężczyzna, daleki od stereotypu macho, daje jej za to poczucie bezpieczeństwa, stabilizacji, stara się o nią. Jest dobrym materiałem na męża i ojca. I ten prawie zawsze wygrywa. Kobieta może postawić na wyjątkowo dobry seks dopiero wówczas, gdy ma za sobą wiele lat związku, ma poczucie bezpieczeństwa, rodzinę, ale nie zaznała namiętnego seksu. Wówczas może się zdecydować na romans z mężczyzną macho, ale o ile jest pewna, że niczego przez to nie straci.

Podał pan przykłady rozczarowanych kobiet. A co może rozczarować mężczyznę?

Bardzo często zawodzi go jej temperament seksualny. Na etapie odświętno-randkowym, kiedy mężczyzna podkreśla swoją atrakcyjność, kobieta może mieć zaindukowaną wyższą aktywność w tej mierze, i to wcale nie jest z jej strony manipulacja: chce się kochać często, w łóżku akceptuje różne jego pomysły itp. We wspólnym mieszkaniu jej ochota na seks spada, jest zmęczona, boli ją wieczorami głowa. To rodzi napięcia, których się nie spodziewali, zanim razem nie zamieszkali.

Konflikty mogą się też brać z odmiennych wzorców wychowania. Jeśli w jednej rodzinie rodzice okazywali sobie uczucia, a w drugiej było to odbierane jako objaw słabości, partnerzy również mają problem z dopasowaniem wzajemnych sygnałów. W przypadku gdy ona jest powściągliwa przed ślubem, mężczyzna rozumie to jako znak, że jest przyzwoita, opanowana. Ale spodziewa się, że po ślubie wszystko się zmieni – tymczasem ona, jak nie potrafiła okazywać uczuć, tak dalej nie potrafi. Na dłuższą metę takie dysonanse są nie do wytrzymania. Jedno powtarza wciąż to samo „wiesz, że cię kocham, o co ci chodzi?", a drugie bez czułości czuje się opuszczone, odepchnięte. Głód sygnałów miłości bywa tak silny, że związek się rozpada, mimo że ta miłość prawdopodobnie w nim była. To jest problem z błędnym odczytaniem komunikatów wysyłanych na początku znajomości: co w rzeczywistości oznacza powściągliwość, wstydliwość, a co oznacza kokieteria. Zachowania kokieteryjne kobiet – uśmiechy, zabawę włosami, spuszczanie wzroku – mężczyźni nieodmiennie odczytują jako komunikat „zaopiekuj się mną". Nawet jeśli wysyła je partnerka w rzeczywistości silna, dominująca.

Wysyłanie sprzecznych sygnałów to poważny problem w relacjach damsko-męskich. Często przychodzą do mnie po pomoc pacjentki po serii związków, które na początku układały się świetnie, a potem oni odchodzili. I stawiają hipotezę, że pewnie chodzi o seks. Przecież są tak samo atrakcyjne jak na początku znajomości. Mężczyźni się w nich zakochali, a jednak potem odwracają się na pięcie i znikają. Analizując taki przypadek, przeważnie odkrywam, że od początku ona wysyłała sprzeczne sygnały. Mogła uwodzić, emanując swoją siłą, wizerunkiem mocnej kobiety. To oznacza, że przyciągała mężczyzn słabych, szukających w niej oparcia. Później jednak zaczęła ujawniać swoją prawdziwą naturę: miękką, kobiecą. Zaczęła oczekiwać od partnera opieki, silnego ramienia, adoracji, inicjatywy w seksie. Zatem w swoich oczekiwaniach kompletnie się rozminęli. Ale jeszcze częściej bywa odwrotnie. Kobieta uwodzi, wchodząc w rolę kociaka, używając swego kobiecego sex appealu. Interesują się nią więc mężczyźni lubiący odgrywać rolę męską: chcący dominować, podejmować decyzje, otaczać opieką. Tylko że wychodząc z etapu uwodzenia, ona zaczyna pokazywać swój pierwiastek męski: swoją niezależność, chęć dominacji, która w niej od początku tkwiła. I dochodzi do zderzenia oczekiwań.

Co seksuolog może jej doradzić?

Mogę jej uświadomić sprzeczności komunikatów i pracować nad stałością wizerunku. Kobieta musi się zdecydować na swoją prawdziwą twarz, by wysyłać szczere komunikaty, które zostaną przez drugą stronę prawidłowo odczytane. Ale nie zawsze jest tak łatwo. Mam przypadek aktorki, której rozpada się kolejny związek. Kolejni mężczyźni od niej odchodzą, zawsze jednak wypowiadając się o niej z najwyższym szacunkiem. Analizując jej sytuację, doszedłem do wniosku, że w okresie tańca godowego wysyła sygnały, że szuka męskiego mężczyzny, który się nią zajmie. Taki ma utrwalony ideał partnera, którego wzorem był dla niej ojciec. Nawet podczas pierwszej wizyty u mnie grała rolę bezbronnej kobietki, mówiła: „Jak tu miło, jak przytulnie, ale jak ja sobie poradzę, pan mi pomoże" itp. W ten sposób przyciąga męskich mężczyzn, tylko że z upływem czasu w związku ona niepostrzeżenie zaczyna przejmować władzę, i to w sposób radykalny. Chce decydować nawet o kolorze skarpetek, jakie nosi partner. Długo nie uświadamiała sobie, że jest w głębi duszy osobą władczą, zaborczą. Kolejni mężczyźni czuli się osaczeni i uciekali. A ona pozostała silną kobietą, tyle że nie szukała partnera do opieki. Jej ideałem zaszczepionym przez ojca jest człowiek silny, dominujący, samiec alfa. To trudny przypadek, bo w takiej relacji zawsze istnieje zarzewie ostrego konfliktu o władzę.

Da się w kilku punktach doradzić, jakie sygnały powinniśmy sobie nawzajem wysyłać, żeby uniknąć niepotrzebnych nieporozumień?

To są wydawałoby się proste sprawy, ale nieznajomość wzajemnych oczekiwań prowadzi do tego, że o nich zapominamy. Zawsze swoim studentom powtarzam na przykład, że mężczyzna musi zwracać uwagę na to, co jest nowego w wyglądzie partnerki – fryzura, strój – i powinien to podkreślać. Mam wiele empatii dla kobiety, która przygotowała się na wieczór, kupiła nową sukienkę, zmieniła włosy, a jej partner tego nie zauważa. Ona to odbiera jako sygnał, że przestała być dla niego atrakcyjna, skoro on przestał zwracać uwagę na jej wygląd. I dla kobiet to bywa bardzo bolesne. Bo jesli dla partnera ona jest atrakcyjna fizycznie, to on powinien zauważać zmiany wyglądu, zapachu itp.

Mężczyzna po powrocie do domu powinien też powiedzieć kobiecie: „Mów, siadaj i opowiadaj".

Czyli dać jej okazję do wygadania się, opowiedzenia wszystkich zdarzeń i emocji minionego dnia. Dla pań możliwość wygadania się, podzielenia się tym, co było dla nich ważne, jest niezwykle istotna. Pomaga budować więź z mężczyzną, który znajduje czas, by ją wysłuchać. On oczywiście musi słuchać z uwagą i zrozumieniem, a nie z pobłażliwą miną. Jemu historia o tym, że sąsiadka źle spojrzała w windzie, może się wydawać bez znaczenia, ale partnerka takie drobiazgi naprawdę przeżywa. I jeśli zostaje z nimi sama, to mimowolnie oddala się od partnera.

Minimum raz w tygodniu kobieta do życia potrzebuje też dostać od mężczyzny bodziec – aktywność, którą lubi. Zakupy, kino, kawiarnia, spacer, przyjęcie towarzyskie. Coś, na co będzie się mogła przyszykować i co jej sprawi frajdę.

I najważniejsze: adoruj, bez względu na wiek. Ona potrzebuje wyrazów miłości nawet sześćdziesiąt lat po ślubie. Kobieta do końca życia chce się podobać i trzeba jej to okazywać: spojrzeniem, słowem, pocałunkiem, kwiatami. Partnerka chce też czuć, że mężczyzna ceni w niej coś więcej niż ciało. Widzi w niej człowieka. Niestety niektórzy panowie zaczynają rozumieć to późno. Albo wcale.

A rady dla kobiet?

Po pierwsze: seks, kiedy mężczyzna ma na niego ochotę, a jeśli następuje odmowa, to nie w formie „nie, bo nie; dziś mi się nie chce". Muszą ją ubrać w takie słowa i gesty, które nie spowodują u mężczyzny poczucia odrzucenia.

Trzeba też przynajmniej raz na tydzień wyrazić dla niego podziw. Choćby wydawało się, że nie ma nic do podziwiania – kobieta powinna coś znaleźć, chociażby drobiazg. Mężczyzna musi raz w tygodniu usłyszeć pochwałę.

Niestety na ogół obie płcie tego wszystkiego, o czym rozmawialiśmy, sobie nie dają.

Rozdział IV.
Harmonijne związki,
czyli co robić a czego nie robić,
żeby nam było dobrze
z mężczyzną

Rozdział IV.

Co sprzyja harmonii w związku / ważna rzecz: poczucie humoru / próba generalna: wspólne mieszkanie / małżeństwa z rozsądku / pieniądze i poczucie bezpieczeństwa / ukryte pragnienie zmiany / wyrównywanie rachunków / polityka i religia w łóżku / rodzice i teściowie – problem stary jak świat / jak rozpadają się związki

Spotkał pan mężczyznę, który miał jedną kobietę przez całe życie?

Oczywiście, spotkałem, choć zdarza się tak rzadko.

Ona była tak wyjątkowa czy też mężczyzna miał taki typ osobowości?

Nie byli wyjątkowi, po prostu świetnie się dobrali. Natomiast wedle statystyk większość mężczyzn ma więcej niż jedną partnerkę w ciągu swojego życia. Podobnie jak i kobiety.

Czyli jak to jest z ilością partnerów? Ilu mają ich w ciągu życia kobiety, a ile partnerek mają mężczyźni?

W tej mierze statystyki są niewiarygodne: z reguły mężczyźni zawyżają te dane, a kobiety zaniżają. Np. na 1100 badanych kobiet w wieku aktywności seksualnej większość odpowiada na wszystkie pytania, ale jedynie 660 odpowiada na pytanie o ilość partnerów seksualnych w życiu. Pozostaje kilkaset tych, które w ogóle nie chcą o tym mówić, a te, które odpowiedziały, też mogły podać fałszywe dane. Dlatego bezpiecznie możemy mówić tylko o tym, jakie jest chciejstwo.

I jakie jest chciejstwo?

Dla mężczyzn pożądana liczba partnerek w życiu to kilkanaście. Dla kobiet – kilku partnerów. A jednak wciąż zdarzają się mężczyźni – dziś taki przyszedł do mnie do gabinetu – deklarujący, że pójdą do łóżka dopiero z tą, z którą będą chcieli przeżyć całe życie.

Wróćmy do tego „świetnego dobrania się" i stwórzmy katalog zachowań potrzebnych dla stworzenia dobrych relacji kobiety z mężczyzną i katalog zagrożeń związku.

Harmonii w związku na pewno sprzyja więź uczuciowa: coś, co nazywamy miłością, ale co może mieć rozmaite odmiany i zakresy. Ale jeśli partnerzy związali się ze względu na łączące ich uczucia, a nie z rozsądku, to jest to pierwszy krok do udanego związku. Często mylimy z miłością namiętność, zauroczenie, fascynację. Badacze miłości uwzględnili jednak istnienie rozmaitych rodzajów samej miłości – miłość typu eros, miłość typu agape, miłość typu mania itp. Bo ludzie kochają bardzo różnie. Robert Sternberg, amerykański psycholog, jeszcze inaczej zbudował typologię miłości: wyznaczył trzy elementy – namiętność, intymność i zobowiązanie (gotowość bycia razem) – które skonfigurowane w różnym nasileniu opisują różne rodzaje miłości.

Każda z nich równie dobrze nadaje się do budowy harmonijnego związku?

Na pewno nie. Jeśli dwoje partnerów połączy miłość typu mania, zaborcza, zazdrosna, to oni się wykończą, a nie zbudują harmonii. Jeśli połączy ich miłość eros, czyli oparta na fascynacji kobiecością i męskością, to rokowania będą lepsze.

W harmonijnym związku seks musi być oceniany przez oboje jako przyjemny, bo tylko taki będzie miał charakter więziotwórczy. Dalej: ważna jest umiejętność neutralizowania konfliktów, bez zalegania złych emocji. Rozwiązywanie ich szybko, bez wielogodzinnych kłótni i obrażania się na tydzień. Partnerom powinno chodzić o rozwiązanie problemu i szybki powrót do równowagi. Wiem, że nie jest prosto to osiągnąć, ale warto się nauczyć takiego rozwiązywania sporów, które nie polega na walce dwóch egocentryzmów. Zawsze namawiam, by w sytuacji konfliktowej wejść w głowę drugiej osoby, spojrzeć jej oczami, wziąć pod uwagę jej punkt widzenia. Chodzi o przełamanie egocentryzmu. Sprzyja temu osobowość, która nie dzieli włosa na czworo.

Istotne w związku, a niedoceniane jest też poczucie humoru: mam wrażenie, że pogodne nastawienie do życia obojga partnerów to już 1/3 sukcesu związku. Z osobami uśmiechniętymi, życzliwymi trudniej się kłócić. Bo kłótnie wynikają na ogół ze złych emocji, a nie z racjonalnych przemyśleń. Jeśli ktoś z góry rozładowuje złe emocje pozytywnym nastawieniem do świata, kłótnia nawet nie zdąży wybuchnąć.

Ważne jest także, by każde z partnerów czuło się w związku cenione. By było świadome swoich zalet i widziało, że partner też je zauważa i podkreśla.

Wreszcie w harmonijnym związku poza miłością powinno być miejsce na przyjaźń: zaufanie, wzajemny szacunek.

Tylko jak sprawdzić, że właśnie ten, a nie inny partner to jest to?

Zamieszkać z nim. Wspólne mieszkanie stanowi próbę charakterów, sprzyja dopasowaniu się, ujawnieniu różnic i stwierdzeniu, które są akceptowalne, które da się przepracować, a z którymi wytrzymać nie idzie. Trwalszy będzie związek, który w ten sposób przekonał się, że dobrze się dobrał. Jeśli jednak nie dali sobie tej szansy, ryzykują kryzys po tym, jak zdecydują się na ślub czy dziecko. Przypominam sobie piękną, udaną parę dwojga wykształconych, atrakcyjnych ludzi. Podobnie odbierali sztukę, podobnie lubili wypoczywać, wszystko grało. Ale gdy zamieszkali razem, wkrótce musieli się rozejść. Okazało się, że on wyszedł z domu, w którym matka bardzo dbała o porządek i schludność. I on tego oczekiwał od swojej kobiety. Natomiast jego dziewczyna bałaganiarą była straszliwą. Potrafiła nie zmywać przez wiele dni. W zlewie kuchennym talerze obrastały grzybem. On miał nadzieję, że to da się przepracować, ale się nie dało. Ona stwierdziła, że nie jest stworzona, by zajmować się domem, nienawidziła tego. Przyzwyczaiła się jadać w knajpach i nie musieć zmywać itp. A on nie wyobrażał sobie życia w takim bałaganie. Narosły na tym tle rozmaite konflikty, ona się czuła naciskana, odechciało się jej seksu i to był początek końca. Wreszcie się rozstali, nie udało im się wypracować kompromisu. Zresztą następny jej partner wytrzymał pół roku. Tym razem to ona wprowadziła się do niego i zaczęła robić mu bardach w domu. W końcu wymienił zamki i wystawił jej walizki przed drzwi. Ale dobrze się stało, że wszystko się wyjaśniło na początku związków, a nie po ślubie.

W tym przypadku rozstawali się ludzie jeszcze niezwiązani żadną obietnicą, a tylko próbujący ze sobą żyć. Trudno, nie udało się.

Są też związki oparte na odświętności, kolacjach w restauracji, śniadaniach w kawiarni, wypadach na weekend czy do kina. Seks na tym etapie też jest świeży, nieskażony rutyną. Ale jeśli zdecydują się na ślub czy dziecko, mogą się bardzo zdziwić, zamieszkawszy ze sobą. Okazuje się np. że mają zupełnie rozbieżne scenariusze życia codziennego. Najbardziej banalna historia to ta, że on od kobiety oczekuje przygotowania trzech posiłków dziennie, a ona nie wyobraża sobie spędzania dnia w kuchni. Tym bardziej że dotąd przecież jadali w restauracjach! Może się okazać, że urocza, pozornie dobrana para po zamieszkaniu razem kompletnie nie będzie potrafiła się dogadać w najprostszych sprawach – co jedzą na śniadanie, kto robi pranie, kto sprząta łazienkę. Albo pojawia się na świecie dziecko, a mężczyzna zaczyna uciekać, coraz później wraca z pracy, bo jego denerwuje dziecięcy płacz. Kobieta jest obciążona dzieckiem, niewyspaniem, nerwami, i nie dostaje żadnego wsparcia, bo mężczyzna nie był gotowy na rolę ojca. W ogóle się w tej kwestii nie dogadali. Dla niej było oczywiste, że jeśli wiążą się na stałe, będą dzieci. A dla niego było oczywiste, że skoro byli ze sobą, nie było dzieci i było im dobrze, to po ślubie tak będzie dalej, bo dlaczego coś zmieniać?

Dopiero w takich sytuacjach ludzie poznają swoje prawdziwe oblicza. W okresie tańca godowego trwa nieustanna mobilizacja nastawiona na zdobycie partnera. Mężczyzna zakochuje się w dziewczynie, która uwielbia głębokie, psychologiczne, refleksyjne filmy. I jemu też one zaczynają się podobać, chętnie z nią je ogląda, dyskutują o nich. Ona czuje, że dobrze trafiła, że się dopasowali. Ale w momencie gdy już zamieszkają razem, okazuje się, że jego nie można odkleić od telewizora, w którym cały czas ogląda sensacyjne łupanki. Bo w tańcu godowym obowiązywały inne reguły. Jeśli więc partnerzy nie poznali się przed ślubem w realiach codzienności, może ich spotkać totalne rozczarowanie.

Przeważnie już po kilku miesiącach wspólnego mieszkania opadają maski i wiadomo już, jacy jesteśmy i czy do siebie pasujemy. To okazuje się szybko, w ciągu kilku miesięcy. A dwa lata są już zupełnie wystarczające, by w normalnych relacjach dowiedzieć się już całkowicie, co nas łączy, a co dzieli. Wspólne zamieszkanie jest tym ważniejsze, że dziś w ogóle bycie razem jest bardziej ryzykowne i obciążające. Kiedyś rodziny były wielopokoleniowe, jedno zajmowało się utrzymaniem, drugie zajmowało się domem. Do opieki nad dziećmi było wokół wiele chętnych cioć i kuzynek. Aspiracje były niewielkie, bo nikt z sąsiadów i znajomych nie jeździł na wczasy do Afryki. Teraz więcej oczekujemy od życia, poszerzyły nam się horyzonty i możliwości i chcemy z tego korzystać na poziomie zbliżonym do tego, w jaki korzystaliśmy, żyjąc tylko na własny rachunek. Mieszkanie i samochód nie są już osiągnięciem życia – powinny być gotowe już na starcie, a dalej ma być jeszcze lepiej. To oznacza również większe wymagania wobec partnerów.

W przeszłości ludzie często dobierali się z rozsądku. Panowało przekonanie, że z czasem

miłość między nimi się narodzi. Może się tak zdarzyć?

Może, ale prędzej w harlekinach niż w prawdziwym życiu. Co nie znaczy, że małżeństwa z rozsądku już nie istnieją. Istnieją i faktycznie spotkałem kobiety, które zapytane, czy mąż od początku się jej podobał, odpowiadają: „A skąd, nawet nie był w moim typie!". Ale przy bliższym poznaniu zyskał i rozbudził miłość. Jeżeli jednak zdarza się taka miłość, która pojawiła się dopiero z czasem, wyrosła na gruncie przyjaźni, to częściej u kobiet niż u mężczyzn. Panie w znacznie większym stopniu są w stanie wypracować miłość, wydestylować ją np. z przyjaźni. A mężczyzna generalnie nie wchodzi w związek z rozsądku czy z przyjaźni, żeby poczekać, czy coś więcej z tego będzie. On mógłby mieć w takich relacjach problem z funkcjonowaniem seksualnym, bo bez fascynacji nie byłoby też pożądania. Nie wyobrażam też sobie, żeby mężczyzna miał stały związek z kobietą, której jedynie pożąda, ale nawet nie lubi – no, chyba że jest masochistą.

Spotkał pan parę, która związała się z rozsądku, a z czasem się pokochali i stanowią dobry związek?

Znam takie pary, ale jest ich niewiele. Zdarza się jednak, że właśnie dopiero wspólne zamieszkanie pokazuje cechy partnera, które stają się jego atutem w naszych oczach. U kobiet często ta miłość pojawia się po urodzeniu dziecka – partner awansuje do statusu „ojca mojego dziecka", a to mu przydaje niezwykłych walorów. Niektóre panie dopiero w tym momencie się w nich zakochują, dopiero odkrywają z nimi bliskość. Znałem też taką kobietę, która przypadkiem w szufladzie odkryła wiersze swojego męża – bankowca. Ujrzała w nim zupełnie inną, liryczną naturę, i dopiero wówczas, już po kilku latach małżeństwa, zakochała się w nim. Typowym schematem jest jednak namiętność, zakochanie, budowa związku i... rozczarowanie po paru latach.

No właśnie, jak uniknąć rozczarowania?

Nie zawierać związków pod przymusem. Najczęstszy przymus to niezaplanowana ciąża. Szacuje się, że co drugie z małżeństw zawartych z tej przyczyny w ciągu niedługiego czasu się rozpada. Teraz takich historii jest może trochę mniej ze względu na zmianę obyczajowości: mężczyznę trudniej z powodu ciąży zmusić do ślubu, a samotna matka coraz rzadziej spotyka się z potępieniem. No i antykoncepcja jest znacznie powszechniejsza niż przed laty. Tylko że różne rzeczy mogą się zdarzyć. Znam takie związki, w których kobieta ma obowiązek brać pigułki pod okiem partnera, bo on podejrzewa, że będzie go chciała złapać na dziecko. Dochodzi do kryzysu, są bliscy rozstania – a ona przypadkowo zachodzi w ciążę. Miałem przypadek, w którym mężczyzna postanowił zerwać, ona usłyszawszy to, zwymiotowała z nerwów – pigułka się nie wchłonęła. Żegnając się, poszli jeszcze do łóżka i kobieta wtedy właśnie zaszła w ciążę. On był wściekły, twierdził, że go oszukała, kazał badać, czy to jego dziecko. Ostatecznie ją opuścił.

Przez całe lata praktyki chyba nie spotkałem się z mężczyzną, który po prostu uwielbia dzieci, koniecznie chce mieć własne, i dlatego – prostolinijnie – nalega na legalizację związku, w momencie gdy niechciana ciąża się pojawi. Raczej bywa tak, że jeśli jego partnerka jest atrakcyjną, niezależną osobą, ma pozycję równą jemu albo go przewyższającą, godząc się na jej marzenia o dziecku, nieświadomie chce ją zamknąć dla siebie. Owszem, znam mężczyzn, którzy sami przyznają, że gdyby nie okoliczności, to mogliby jeszcze długo hamletyzować: oświadczyć się czy nie oświadczyć; no bo po co, skoro jest tak dobrze itp. A potem są szczęśliwi, że wzięli ślub pod presją, bo gdyby nie to, dobry związek mógłby się rozpaść. Ale jednak stawianie mężczyzny pod ścianą częściej kończy się rozpadem małżeństwa niż happy endem.

Jaką rolę dla jakości związku odgrywają pieniądze?

Czasami zasadniczą. Największy problem pojawia się wtedy, gdy istniał tradycyjny podział ról, ona w domu, on ma firmę czy dobrą pracę, utrzymuje z niej rodzinę, i dla niej jest to istotna wartość tego związku. A nagle firma plajtuje, on traci pracę; autorytet mężczyzny spada na łeb na szyję. Kobiecie odechciewa się seksu, ustaje erotyczna więź. Konflikt narasta. Utrata dochodów jest dopiero początkiem lawiny. Kobieta może nieźle znieść trudną sytuację materialną, pójść do innej pracy itp. Kluczowa jest reakcja mężczyzny. Jeżeli on ma poczucie klęski, zaczyna się frustrować, nie umie wstać po upadku i ma tego świadomość, robi się drażliwy, nerwowy, konfliktowy, jedyną jego aktywnością jest oglądanie telewizji, wówczas na ogół kończy się to poważnym kryzysem, z rozstaniem włącznie. Jeszcze przez kilka miesięcy kobieta może się wcielać w siostrę miłosierdzia, pocieszać go w depresji, troszczyć się. Ale taki układ nie będzie trwał wiecznie. W końcu rozdrażnienie, frustracja wezmą górę, nawet w dobrym związku. Kobieta traci po prostu poczucie bezpieczeństwa, ma do niego żal. Oczywiście zdarza się, że w ogóle nie ma etapu przejściowego i jak tylko pieniądze przestają wpływać na konto, kobieta pakuje manatki i wychodzi. Taki schemat dotyczy związków zbudowanych wyłącznie na pieniądzach, bogactwie mężczyzny. Takich par nie jest wiele, ale są.

A co się dzieje, gdy to kobiecie powinie się noga, jej firma splajtuje?

Wtedy na ogół w związku nie dzieje się nic złego. Obowiązuje archetyp, że to mężczyzna ma zarabiać, kobieta może, ale nie musi. Bywa i tak, że jak kobieta wpada w tarapaty finansowe, partnerowi rośnie zadowolenie z życia – jeśli dotychczas podskórnie rywalizowali o to, kto lepiej, sprawniej prowadzi biznes, zarabia pieniądze. Pamiętam pewną parę: i on, i ona prowadzili swoje firmy. Jakaż była jego satysfakcja, gdy jej przedsiębiorstwo zbankrutowało! Wcisnęło mnie w fotel, gdy w gabinecie powiedział mi o tym z uśmiechem. Jego życie seksualne po tym rozkwitło, bo mężczyźni uwielbiają wygrywać, być górą. Poczucie sukcesu ich uskrzydla. Ale nawet dla mnie, który już wiele widział, było zdumiewające zobaczyć ten jego uśmiech zadowolenia z powodu jej porażki.

Czy w takim razie społeczny awans kobiety nie sprzyja budowie dobrego związku?

Dopóki mężczyzna ma mocno ugruntowane poczucie własnej wartości i czerpie satysfakcję z własnej aktywności zawodowej, awans partnerki nie musi być problemem. Zwłaszcza jeśli również ona go wysoko ceni i daje mu to odczuć na co dzień. Na pewno znacznie gorzej to zniosą ci, którzy zdają sobie sprawę ze swojej słabości w tym względzie. To, że ona go „przeskoczyła", może fatalnie wpływać na ich poczucie męskości. Archetyp w końcu mówi, że do mężczyzny właśnie należy sukces. Ale nawet niezły związek może się rozpaść, jeśli za zawodowym awansem – zarówno kobiety, jak i mężczyzny – idzie zmiana środowiska, priorytetów, fascynacja nowymi znajomymi, nowym stylem życia. Dla obu płci będzie to czas próby i testu, na ile wartościowe jest dla nich to, co czeka ich w domu, a na ile kuszący robi się ten nowy świat. Sytuacja, w której dwie równoległe drogi zaczynają się rozbiegać – jedno idzie w prawo, drugie w lewo, jedno idzie w górę, drugie zostaje na dole – stanowi niebezpieczny moment dla każdej pary. Kobiecie może się zakręcić w głowie od nowych możliwości, jakie się przed nią otwierają, i partner może już do nich nie pasować. Mężczyźnie również atrybuty sukcesu – nowy samochód, nowa komórka, nowy laptop, egzotyczne podróże – mogą przestać współgrać z dotychczasową żoną. Bo wokół niego pojawia się wiele kobiet innego typu. Jego partnerka staje się niepotrzebna i dla kobiety to jest dużo większy cios niż sama zdrada. Ma poczucie, że jest zużytym przedmiotem. Fakt, że trzy miesiące temu wszystko między nimi grało, a teraz on już marzy o czymś całkiem innym i sam stał się całkiem innym człowiekiem, jest dla niej nie do zniesienia. Pojawia się pytanie: kim on był wcześniej? Piętnaście lat byliśmy razem, a teraz go nie poznaję? Czy człowiek może się aż tak zmienić?

I jak brzmi odpowiedź? Może?

Nie może. Moim zdaniem te niespełnione aspiracje, osobowość dążąca do zupełnie innych celów musiała w nim tkwić od zawsze. Jeżeli człowiek jest i zawsze był sobą, nawet olbrzymi awans, zmiana środowiskowa nie spowoduje w nim samym rewolucji. Na przykład ja mam kota na punkcie muzyki, z każdej podróży przywożę sobie masę płyt. Można więc przewidzieć, co bym zrobił, gdyby obsypał mnie deszcz złota: nakupowałbym sobie jeszcze więcej płyt i obstalował na nie piękną szafkę. Pozostałbym sobą, a nie zamarzył o kupnie odrzutowca i kursie pilotażu. Gdy jednak ktoś ten odrzutowiec kupuje, trzeba sobie zadać pytanie, kim był do tej pory.

Może po prostu zdrowiej mieć osobne konta?

Jeżeli w związku toczy się nieustanna rywalizacja, wtedy oczywiście lepiej tak. Jeżeli zaś relacja jest typu papużki nierozłączki, wszystko robimy „my", „my" rodzimy, „my" mamy katarek – to i konto może być wspólne. Natomiast kiedy kobieta troszczy się o dobro rodziny w ten sposób, że kontroluje wszystkie wydatki i nieustannie wypomina mężowi, że kupuje sobie zbyt drogie cygara – mimo że przecież ich na taki luksus stać – to ja mu doradzę, by sobie założył małe, osobne konto, o którym ona nie będzie wiedzieć, i z niego regulował płatności za cygara. Nie o wszystkim musimy wiedzieć, jeśli ta wiedza prowadzi do nieustannych utyskiwań i pretensji.

Jednym zdaniem można zniszczyć związek?

Można. Miałem parę, w której ona któregoś dnia domagała się pieszczot, a on jej odparł: „Takiego grubasa mam pieścić?". Kobieta rzeczywiście przytyła po urodzeniu dziecka ponad 20 kg. Przyszli do mnie z problemem, że od półtora roku nie mają seksu. I tłumaczyli, że nie wiedzą dlaczego, bo są udaną parą. Przekonywali – mnie i sami siebie – że między nimi wszystko jest w porządku, i dopiero na kolejnym spotkaniu ona wyznała, że kiedyś usłyszała od niego takie słowa i po nich nie miała już ochoty na zbliżenie. Nie mogła tego zapomnieć i zamknęła się na seks.

Półtora roku mieli problem, który dałoby się rozwiązać jedną szczerą rozmową: wyznaniem kobiety, co ją zabolało, i skruchą mężczyzny.

Nie we wszystkich związkach rozmawia się na tym poziomie szczerości. W tym przypadku to były dla niej zbyt bolesne słowa. Zrozumiała, że jej partner uważa ją za grubasa, więc po co jeszcze o tym mówić? Poczuła się zupełnie dla niego nieatrakcyjna, trudno się więc dziwić, że straciła ochotę na seks. I trwało to tydzień za tygodniem. A ja zawsze powtarzam, że jeżeli separacja trwa dłużej niż dwa, trzy tygodnie, coraz trudniej jest wrócić do siebie. Z badań wynika, że jeśli para, która razem mieszka i sypia, przez dwa – trzy tygodnie nie ma seksu, w ich mózgach słabnie biochemia odpowiedzialna za pożądanie i podniecenie. Utrwala się między nimi intymny dystans, przestaje się im chcieć. Po tych kilku tygodniach coraz trudniej jest na nowo rozniecać pożądanie.

Inna jest sytuacja, gdy dystans jest wymuszony: są fizycznie daleko od siebie, ktoś ma służbowy wyjazd albo kobieta jest chora czy w połogu. Wówczas skutki nie są tak poważne, bo w grę wchodzi sensowna motywacja, zupełnie inne emocje. Niebezpieczny jest dystans spowodowany wzajemnymi pretensjami, żalem, niechęcią.

Tamta para przyszła do mnie po refleksji intelektualnej: półtora roku nie współżyjemy, chyba należy coś z tym zrobić. Ale nie płonęli już z pożądania, nie tęsknili do bliskości. I rozniecenie tego na nowo nie było proste.

Co pan mógł im poradzić?

Partnerka musiała schudnąć, zacząć wreszcie konsekwentnie stosować dietę, ćwiczenia itp. Mężczyzna miał wspierać ją w jej kobiecości, bo będąc puszysta, nie straciła wcale kobiecego wdzięku, mogła się podobać.

Jeśli wiem, że taka para, która już zapomniała, jak się do siebie zbliżyć, miała w przeszłości cudowny czas np. na jakiejś greckiej wyspie czy w Krakowie, to polecam im, by tam pojechali, żeby sobie przypomnieć tamte emocje. Powrót do wspomnień o chwilach namiętności może pomóc w powrocie do seksu. Szukam w ich wspólnej biografii enklaw, które stwarzają szansę na taki renesans.

A czy nie jest metodą na podsycanie pożądania rozdzielenie sypialni?

Rozumiem osobne sypialnie tylko w bardzo uzasadnionych przypadkach. Spotkałem parę, w której kobieta była wiecznie zmęczona i nie miała ochoty na seks, bo notorycznie niedosypiała. A niedosypiała, bo partner okrutnie chrapał. W tym przypadku rozdzielenie ich łóżek okazało się najlepszym rozwiązaniem. Ale w normalnych relacjach uważam, że partnerzy powinni spać razem. Leżenie obok siebie sprzyja więzi intymnej, tworzeniu naturalnej bliskości ciała, oddechu. To jest bardzo ważna rzecz.

Czy mężczyźni są bardziej okrutni w związku niż kobiety?

Tylko jeśli chodzi o okrucieństwo fizyczne, chociaż i w tej dziedzinie kobiety już mężczyzn gonią. W bezwzględności psychicznej jesteśmy siebie warci, chociaż metody są inne. W rozwiązywaniu konfliktów zalecam często używanie dyktafonu. Żeby nagrali, jak się do siebie odzywają, bo czasem całkiem sobie nie uświadamiają, jak bardzo okrutne bywają słowa, które między nimi padają. I to zarówno z ust jej, jak i jego.

Co innego biegun przeciwny – biegun altruizmu i poświęcenia. Tutaj zdecydowanie więcej jest kobiet. Jestem pełen podziwu dla tych setek pań, które mają niezwykłą skłonność do poświęcenia, wybaczania, znoszenia rozmaitych przykrości w imię miłości. Czasami naprawdę nie wiem, jak mogą tak długo wytrzymywać w swoich związkach.

W jaki sposób dręczymy się w relacjach damsko-męskich?

Lubimy z zemsty, za karę szkodzić partnerom. Kiedyś, w PRL-u, kobiety chodziły do sekretarza partyjnego i donosiły, by złamać partnerowi karierę. Panowie nie korzystali z takich metod. Dziś karierę łamie się inaczej – np. donosząc urzędowi skarbowemu, że mąż nie płaci podatków. Mścimy się za zdradę, za upokorzenie, lekceważenie. Jeśli kobietę spotkała krzywda, ona ma głęboką potrzebę wyrównania rachunków, wymierzenia kary. Pokazania, na co ją stać. I są to – zresztą u obu płci – działania z premedytacją. Pamiętam panią, która miała bzika na punkcie strojów, pięknych ubrań. Mąż jej pociął wszystkie ciuchy za karę, bo dowiedział się, że ona interesuje się innym mężczyzną. Po takim numerze żona rzeczywiście odeszła. Kobieta z kolei może porysować nożem karoserię samochodu, jeśli wie, że partner ma na jego punkcie hopla.

Istnieją pary niezwykle konfliktowe, które wręcz potrzebują do życia ciągłej eskalacji emocji. I trwają tak latami, nie zamierzają się rozstać, choć cały czas robią sobie przykrość. Przypomina mi się para obchodząca 50. rocznicę ślubu. Usłyszałem, jak żona syczy do męża: „Najwyższy czas, żebyś zdechł, może cię jakaś choroba dotknie, i będę wreszcie miała święty spokój". On jej wcześniej dał znać, że nie odpowiada mu jedzenie, jakie przygotowała. Żyją do dziś jak w piekle, codziennie dokuczają sobie okrutnie, ale nie mogą się już bez siebie, bez wzajemnego dręczenia obyć. I twierdzą, że się kochają.

Czy przekonania polityczne dzielą związki?

Nie wyobrażam sobie udanego związku fanatycznego wyznawcy Jarosława Kaczyńskiego z bojową wyznawczynią Donalda Tuska. Sympatyzować mogą, mogą się nawet spierać. Ale jeśli są mocno zaangażowani politycznie, stają się wielbicielami dwóch przeciwnych stron, może być trudno im się dogadać. W PRL-u, kiedy formowała się „Solidarność", polityczne rozwody zdarzały się nie tak rzadko. Pamiętam też przypadek sprzed dekady, kiedy rządziła Akcja Wyborcza Solidarność. Ona była wychowana w tradycji socjalistycznej, on był silnie zaangażowany w działalność Zjednoczenia Chrześcijańsko-Narodowego. Gdy się poznali, nie dyskutowali o polityce, nie weszli w ten spór. Dopiero gdy zaczęli mieszkać razem po ślubie, zaczęli przekonywać się nawzajem do swoich poglądów i stwierdzać, że mają drastycznie odmienne przekonania polityczne, obyczajowe itp. Ostatecznie udało im się jednak wypracować modus vivendi i uratowali związek. Znałem jednak taki, w którym to się nie udało. Mieli już dwójkę małych dzieci, ale konflikt światopoglądowy był tak nasilony, że mężczyzna doprowadził do rozwodu. Najpierw groził rozstaniem, by wywrzeć na partnerce presję. Potem rozwód odgrywał rolę kary dla niej: nie możesz być moją żoną, bo nie masz poglądów takich jak ja.

Ale na ogół stwierdzam, że kłótnie o politykę są tylko skanalizowaniem problemów siedzących głębiej, które są przez ten polityczny spór maskowane. Na którymś spotkaniu z taką parą orientuję się na ogół, że de facto między nimi toczy się podskórny konflikt o dominację w związku. Dla strony zdominowanej diametralnie inne sympatie polityczne mogą być tym poletkiem niepodległości; dowodem, że jeszcze nie wszystko zależy od partnera. Takim parom łatwiej się kłócić o tematy polityczne, niż powiedzieć sobie wprost: „Mam cię za miernotę – mam cię za despotę".

Poważniejsze bywają jednak konflikty z religią w tle. O polityce można nie rozmawiać, i już. Natomiast jeśli jedno jest mocno wierzące, a drugie jest zajadłym antyklerykałem, konflikt wchodzi głębiej w emocje jednej i drugiej strony. Żona chodzi co tydzień do kościoła, a mąż z niej kpi, ośmiesza kler itp. To bywa przyczyną rozwodów, zwłaszcza jeśli spór prowadzony jest na niskim, prymitywnym poziomie, z sięganiem po chamskie argumenty. Ale jeśli antyklerykałem jest osoba wykształcona, inteligentna, tej drugiej nieraz brakuje argumentów. I mniej na tym cierpi związek, a bardziej religijność osoby wierzącej.

Często trudno zresztą mówić o konsekwencji w głoszonych poglądach. Znam wielu aktywistów pseudokatolickich, którzy mają usta pełne religijno-etycznych frazesów, ale gdy sami byli pod ścianą, odwieszali te poglądy na kołek i np. nerwowo szukali możliwości aborcji. Pamiętam parę, która długo się do siebie dostosowywała, dopasowywała, ale zeszli się, bo łączył ich udany seks i artystyczne życie, twórcze temperamenty, styl życia, no i miłość. On miał skrajnie prawicowe poglądy, wyznawał nierozerwalność związku, świętość życia od poczęcia itp. A ona była liberałką. Przy tych wszystkich poglądach jemu nie przeszkadzało, że był żonaty z inną kobietą. Przekonywał swoją partnerkę, że małżeństwo jest nieważne kanonicznie i niebawem będzie unieważnione. Na kościelny rozwód czekał tylko do dnia, gdy jego dwie córki przystąpią do komunii, potem mieli się pobrać z kobietą, z którą de facto żył. To była perspektywa dwóch lat. Kobieta była zakochana, zdecydowana poczekać. Wszystko się zmieniło, gdy nieświadomie zaszła w ciążę. On zaczął domagać się aborcji, dawał jej pieniądze, ciągnął do lekarzy, by sprawę załatwić. Wszystkie jego poglądy poszły w cholerę, gdy sam znalazł się w sytuacji podbramkowej. Uznał, że został tą ciążą oszukany. Miał mieć dwa lata spokoju, a do tych planów wkradło się zakłócenie. Zarzucał jej, że specjalnie zaszła w ciążę, by go usidlić. Efekt? Ona ma dziecko, od niego musi wydobywać żebracze pieniądze na jego utrzymanie. On wrócił do żony, kochankę odwiedza raz na miesiąc, tylko dlatego, że boi się, by nie wyjawiła prawdy jego małżonce. Mężczyźni niestety często w sytuacjach próby dają plamę.

A problem rodziców i teściów? Demonizujemy ich czy też faktycznie bywają oni toksyczni dla związku?

Jak najbardziej! Rodzice potrafią np. bardzo skutecznie dyskredytować drugą osobę, stale i konsekwentnie podkopywać jej autorytet, boleśnie krytykować. Nieraz widziałem kobietę, której matka dzień po dniu sączyła do ucha: „Spójrz na kolegów twego męża, dokąd doszli, co osiągnęli; a on, co osiągnął??". Córka usłyszy to raz, drugi, piąty, wreszcie zacznie się zastanawiać: no właśnie, co on w życiu osiągnął?

Destrukcyjne dla związku będzie też pielęgnowanie pępowiny rodzic-dziecko, podtrzymywanie psychicznego uzależnienia. Albo sytuacja gdy współmałżonek – najczęściej chodzi o męża – nie dorasta do pięt tatusiowi partnera. Kobieta cały czas porównuje go ze swoim ojcem, w którego jest wpatrzona. I to porównanie rzadko wypada na korzyść jej mężczyzny.

Są wreszcie rodzice, którzy przez niechęć czy zazdrość świadomie rozbijają związek swego dziecka, imając się wszelkich sposobów. Również najpodlejszych: wmawiają wszystkim, że byli świadkami molestowania wnuków albo, że widzieli mężczyznę z inną kobietą itp. W takich rodzinach do głosu dochodzą rozmaite emocje: rodzice uważają, że przez niego utracili władzę nad córką albo że jej wybranek jest zbyt niezależny, albo po prostu nie pasuje im jego typ. Mogą mieć problem z poczuciem własnej wartości – to się dość często zdarza w dzisiejszych czasach, że taka szlachta, która dopiero co kupiła sobie tytuł, np. przeprowadzili się do dużego miasta, bardzo pilnuje, by dziewczyna nie zakochała się w kimś z „pospólstwa". Takie chore poczucie elitarności może mieć różne podłoże: awans, faktycznie szlacheckie korzenie rodziny, jej wysoki poziom intelektualny, osiągnięcia artystyczne czy znaczenie członków rodziny w ich wsi. Jeśli druga osoba nie jest dość czołobitna, nie zostanie zaakceptowana. Może też być „niegodna" małżeństwa z potomkiem rodziny z powodu własnego nazwiska. Miałem przypadek związku, w którym rodzice nie zgadzali się na ślub córki i skutecznie jej obrzydzili wybranka ze względu na to, że miał – jak to mówili – „gminne" nazwisko.

Kłopotem dla zbudowania dobrego związku może być matka kobiety. Matki bardzo często wpajają córkom negatywny obraz mężczyzny, kreują lęk lub pogardę wobec mężczyzn. Na głos przy córce utyskują: „Po co ja się związałam z twoim ojcem!", albo jeszcze gorzej, wspominają przy córce, że były zdradzane. Takie zwierzenia niczemu nie służą, a podważają więź córki z ojcem, a co za tym idzie, nastawiają nieufnie do mężczyzn w ogóle. Bardzo często dziewczyna wychodzi z domu z przekonaniem, że mężczyznom chodzi o jedno, czyli seks, mężczyźni są egoistami itp. Trudno z obciążeniem takim stereotypem zbudować normalną więź. Zdarza się, że każdy kolejny związek rozpada się akurat w tym momencie, gdy kobieta zaczyna się angażować uczuciowo. Bo ucieka od związku, w którym – jak przewiduje – zostanie jedynie wykorzystana przez partnera. Albo zamyka się seksualnie. W wielu terapiach pojawia się postać toksycznej matki. Toksycznej również wobec synów. Tu z kolei pojawia się zaborczość. Rzadko matka uznaje, że syn znalazł sobie taką kobietę, jaka na niego zasługuje. Wyznacznikiem udanego związku synka będzie to, czy ona dostatecznie o niego dba. Znałem przypadek teściowej, która objeżdżała synową za to, że wykańcza partnera seksualnie, że za bardzo go eksploatuje w łóżku i on mizernieje w oczach. W ogóle konflikt dwóch kobiet może iść na noże, bo dotyczy gniazdowości, czyli tego, co mężczyźni uważają za błahostki. Dla kobiet to nie są błahostki, tylko istotne sprawy ingerujące w porządek w ich gnieździe: nie taki talerz, nie tu odłożona łyżka, nie tak rozwieszone pranie, nieposprzątana łazienka, i konflikt gotowy. Piekło w rodzinie może się zacząć od tych małych rzeczy. Konflikty między kobietami są w jakimś sensie gorsze właśnie przez to, że dotyczą drobiazgów. A życie składa się z drobiazgów. Tak więc zbyt bliska obecność rodziców pary może rodzić niezwykle zapalne sytuacje. I mogą one doprowadzić do rozpadu zupełnie udanego związku.

Kto oprócz rodziców może mieć znaczący wpływ na nasze relacje z partnerem?

Podczas terapii kobiet zawsze pamiętam o niedocenianym na ogół czynniku: wpływie przyjaciółki. To jest rzecz zupełnie niebywała, na którą zawsze zwracam uwagę moim studentom, przyszłym psychoterapeutom: że większość kobiet ze swoich problemów będzie się zwierzała nie tylko terapeucie, ale przede wszystkim przyjaciółce. I ta przyjaciółka będzie wpływała na przebieg terapii. Pacjentka powie jej z detalami, co się wydarzyło w moim gabinecie, a przyjaciółka będzie to komentować.

A pan w terapii musi brać pod uwagę, co mówi przyjaciółka.

Jeżeli wiem, że pacjentka ma przyjaciółkę, z którą spotyka się co drugi dzień i gadają godzinami, to wiem, że mam koleżankę w leczeniu. I zawsze pytam, co ona mówi na ten temat. Doświadczenie przekonuje mnie jednak, że jeśli kobieta ma konfliktowy związek z mężczyzną, i w tych konfliktach szuka wsparcia przyjaciółki i ona daje jej kategoryczne rady, to kobieta częściej źle na tym wychodzi. Przyjaciółka powinna wysłuchać, wesprzeć, pocieszyć, dać azyl. Ale nie jest jej rolą dawanie prostych rad: rzuć go, odmów mu seksu itp. Tak można zniszczyć związek, który miał szansę przetrwania. Pamiętam kobietę, która za radą przyjaciółki wyrzuciła partnera z mieszkania. To miała być dla niego nauczka, miał wrócić do drzwi i kołatać. Widać, jak mało go znała, bo to nie był typ mężczyzny, którego upokorzenie mogło czegoś nauczyć. Więc on wziął walizki i nie wrócił, bo dla niego to było zagranie poniżej pasa, cios w jego ambicję. Bo rady innych kobiet, znajdujących się w podobnej sytuacji, mogą być poważnie zniekształcone ich własnymi doświadczeniami. Znam przypadek doradczyni małżeńskiej, która zajmuje się problemami par. W życiu prywatnym ona siedzi w domu cicho, bo bardzo jej zależy na utrzymaniu małżeństwa, które gdyby nie jej starania, prawdopodobnie dawno by się rozpadło. W oczach męża nie ma pozycji, on w tym związku dominuje. Jakie są jej rady dla klientek przeżywających kryzys w małżeństwie? Bunt. Ona je namawia do czegoś, na co sama nigdy nie miała siły. Niektóre się na takich radach przejechały.

Kiedy para powinna się rozstać?

Nie ma żadnych kryteriów obiektywnych, które nakazywałyby rozstanie. Wszystko zależy od subiektywnych odczuć partnerów i ja nigdy nikomu rozstania nie radzę. Tylko przyczyny medyczne, zagrożenia życia lub zdrowia któregoś z partnerów mogłyby mnie do tego skłonić. No bo jeśli mam pacjenta, którego partnerka w furii raz dziabnęła nożem w rękę, a następnym razem tuż obok serca, to on już zdaje sobie sprawę, że raczej nie powinien w tym związku zostać. Podobnie, gdy mężczyzna miał już trzy zawały z powodu napięć wywołanych kłótniami czy wylew, bo on ma nadciśnienie, a ona go prowokuje – w takich relacjach mogę sugerować rozstanie, ale namówić nie mogę.

Po czym poznać, że związek się kończy?

Rozpad może się zacząć od coraz rzadszych zbliżeń, zaniku czułości, coraz rzadszych spotkań – np. przesiadywania dłużej w pracy, by jak najpóźniej wrócić do domu – coraz częstszego picia, zaniku sympatii, warczenia na siebie. Ale niektóre związki kończą się z dnia na dzień. Ktoś budzi się rano i stwierdza, że już dość, że dłużej nie będzie tego ciągnął. Miałem taki przypadek, w którym ona mu powiedziała, że to koniec, a on nie rozumiał, co się dzieje. Przyszedł do mnie po pomoc, bo chciał ratować związek, ale ona była konsekwentna. Przyprowadził ją i usłyszałem od niej, że partner ją notorycznie lekceważył, był egoistą, nie liczył się z jej uwagami. I ona dłużej nie mogła. I koniec. Inny był babiarzem, cały czas flirtował, nawet bez wchodzenia w poważniejsze relacje. Uważał, że to normalne, że to nic złego. Ona wiele razy dawała mu sygnały, że jej to nie pasuje, ale on nie reagował. Więc któregoś dnia obudziła się i wiedziała, że czas skończyć. Klamka zapadła.

Całkiem niedawno patrzyłem na rozpad ładnej pary: oboje przystojni, atrakcyjni, inteligentni, wszechstronnie wykształceni. Ona nie ścierpiała tego, że on ogląda w Internecie pornografię. Codziennie po pracy musiał na te strony zajrzeć. Uznała, że skoro mają udane życie seksualne, mogą sobie razem obejrzeć film erotyczny, to dlaczego on ogląda jeszcze inne kobiety? Dla niej to była zdrada. Znała swoją wartość, była dumna. To, że on się podniecał innymi kobietami, ją upokarzało. A on uważał, że ona przesadza. Wszyscy mężczyźni oglądają przecież pornografię, więc dlaczego on ma tego nie robić? Nie widział w tym niczego złego, podczas terapii sugerował, że to raczej nad nią należałoby popracować. Upierał się przy tym, że nie robi niczego nagannego i nie zamierza niczego zmieniać – zadeklarował to otwarcie w moim gabinecie. Po wyjściu ode mnie ona dała mu do wyboru: albo zacznie się leczyć, albo się rozstają. On uznał, że to tylko kolejna sprzeczka o to samo. Ale tym razem ona nie wytrzymała i zerwała.

Jak dobrze się rozstać?

Rozstanie dobre to rozstanie w przyjaźni. Najlepiej jest, gdy żadna ze stron nie ma poczucia krzywdy, ale oboje dochodzą do wniosku, że nie mogą być razem. I pozostają w przyjaźni, wciąż służąc sobie pomocą. Przyjaźń nie musi oznaczać codziennych telefonów, częstych spotkań, wspólnych wakacji – bo z nikim mi się nie żeglowało tak cudnie jak z byłą kobietą. Wiadomo, że takie relacje mogą być bolesne dla nowych partnerów. Przyjaźń oznacza pogodzenie, brak wrogości, służenie wsparciem wtedy, gdy jest to konieczne. Znam parę po rozstaniu, mężczyzna jest fachowcem w sprawach podatków. I kobieta do dziś prosi go o pomoc przy rozliczeniach z fiskusem, a nowy partner to rozumie. Podobnie gdy były mąż czy żona jest np. cenionym lekarzem. Do kogo zwrócić się o pomoc z przyjęciem do szpitala, znalezieniem miejsca, z prośbą o kontakt do specjalisty? Niedawno obserwowałem rozstanie pewnej pary. Ona od niego dostała na odchodne mieszkanie i zaczęła je remontować. I nijak nie mogła sobie poradzić z ekipą „mechaników precyzyjnych" – panów, którzy kładli instalacje, wykańczali, itp. Nie była przyzwyczajona do podejmowania tego typu decyzji, bo to była działka męża. I panowie fachowcy to wyczuli, lekceważyli ją, gdyż była drobną blondynką. Tak więc ona poskarżyła się byłemu mężowi, który znany jest z tego, że potrafi ryknąć. On zadzwonił do szefa tych panów, powiedział mu do słuchu i remont potoczył się dalej jak po maśle.

W takich sytuacjach nie ma niczego zdrożnego, ale jeśli nasza nowa kobieta dzwoni do swojego byłego trzy razy dziennie, bo ma problemy z komputerem, wtedy to oczywiście nie wygląda na zdrową przyjaźń. Granicą kontaktów z byłym jest dyskomfort nowego partnera.

A jak na relację wpływa duża różnica wieku między partnerami? Zwłaszcza jeśli to on jest młodszy?

Wiele zależy od tego, w jakim otoczeniu funkcjonuje ten związek. W dużym mieście, w środowisku tolerancyjnym, otwartym, wykształconym to nie stanowi problemu. W małej miejscowości, w której wszyscy się znają, a tych dwoje stanowi jakieś odstępstwo od standardu, mogą się wręcz czuć zaszczuci. Stale będą ich spotykać pytania „dlaczego?", co się kryje za tym uczuciem. To na pewno nie jest komfortowa sytuacja, a jednak takie niestandardowe pary na ogół zacieśniają swój związek. Relacja pod ostrzałem znajomych, krewnych i sąsiadów się wzmacnia, oboje są ze sobą bliżej, wyżej sobie cenią bycie razem.

Zgodzi się pan jednak, że społecznie wciąż bardziej akceptowane są związki, gdy to ona jest znacznie młodsza od niego niż odwrotnie?

Na pewno, bo taki model był przez wieki przyjęty. Ludzie są z nim oswojeni poprzez literaturę, kinematografię, obyczajowość. Model, że to kobieta jest znacznie starsza, jest modelem świeższej daty.

Ale w obu sytuacjach istnieje pewnie strach, że młodszy partner w którymś momencie odejdzie do rówieśnika?

Oczywiście, ten strach jest. I na pewno jest większy w tych związkach, w których mężczyzna jest młodszy.

Widział pan związek, który rozpadł się dlatego że ona mając lat 60, nie jest już tak ponętna jak wtedy, gdy miała 45?

Nieraz. Dlatego zamożne kobiety nie wahają się korzystać z chirurgii plastycznej.

A doświadczenie podpowiada panu, że młody mężczyzna zwyczajnie zakochał się w dużo starszej kobiecie, czy też na ogół widzi pan tam inną motywację?

Doświadczenie podpowiada mi, że miłość naprawdę nie zna granic, również granicy wieku. Takie nietypowe pary mogą tworzyć wspaniały związek, mieć satysfakcjonujący seks. I tak samo mogą się rozpaść jak małżeństwa rówieśnicze – przecież zbliżony wiek partnerów nie jest dziś najmniejszą gwarancją sukcesu.

Widziałem i taki związek, w którym znacznie starsza kobieta w obawie, że partner ją opuści, sama zaczęła prowokować rozstanie, schładzać relację. Po to, by obronić się przed porzuceniem, by porzucić pierwsza. Na pewno związki z taką różnicą wieku są obarczone sporym ryzykiem. Tym bardziej że obawy jednej strony mogą stać się samospełniającą przepowiednią: im bardziej ona drży, podejrzewa zdradę, tym bardziej on się od niej oddala.

Jak można sobie w takim związku pomóc?

Ja w każdym związku cenię podejście, że dziś się kochamy, chcemy być ze sobą i tym się cieszymy, a co będzie jutro, tego nikt nie wie: ani w związku z dużą różnicą wieku, ani w tym z małą. W żadnym. Każdego dnia każdemu może się przytrafić coś, co przewróci życie do góry nogami, i zabezpieczanie się przed nieznanym mija się z celem.

Sam byłem świadkiem na ślubie filmowej wręcz pary, dobranej, zakochanej, pięknej. Na weselu odczytywali swoje listy miłosne, miłość między nimi aż kipiała. Rozeszli się po siedmiu miesiącach.

Znał pan takiego mężczyznę, który po prostu wolał starsze kobiety i seryjnie się z nimi wiązał?

Oczywiście to się zdarza. Może wynikać z niedojrzałej osobowości, z problemów osobistych, z inicjacji ze znacznie starszą ciocią... No, zdarza się też gerontofilia: że wyłącznie stare kobiety mężczyznę podniecają.

To zaburzenie. Ale co z gustem? Jedni wybierają puszyste blondynki, a może ktoś akurat woli starsze partnerki.

Zdarza się. Znałem i takiego mężczyznę, któremu podobały się wyłącznie kobiety brzydkie. Mocno dojrzałe też mogą się po prostu podobać: bo są jak dojrzałe wino, dojrzały owoc, rozkwitły kwiat. A pączki kwiatów akurat kogoś nie interesują. Nie dziwi mnie to. Przecież Pan Tadeusz u Mickiewicza też wpadł. Obok miał młodziutką Zosię, a do łóżka poszedł z Telimeną, która mogła być jego matką. Nic nowego pod słońcem.

Panie profesorze, podsumujmy: więcej jest związków udanych czy nieudanych?

Więcej jest udanych – niemal 2/3, a to dzięki takiemu szczęśliwemu zbiegowi okoliczności, że oboje mają niewielkie wymagania. Niewiele im potrzeba, by uznawać się za zadowolonych ze związku.

Ale niedawno mówiliśmy o tym, że właśnie rosną nam aspiracje i oczekiwania – w życiu i w związku.

To dotyczy młodszego pokolenia wychowanego w warunkach wolnego rynku, dostępu do wykształcenia, dobrobytu, otwartych granic itp. Jednak średnią udanych związków jeszcze przez wiele lat zawyżać będzie pokolenie, dla którego własny dom czy zachodni samochód były w PRL-u nierealnym szczęściem. Przeciętnej kobiecie średniego pokolenia wystarczy do spełnienia, że ma męża, który zarabia, mają zdrowe dziecko, mieszkanie i pełną lodówkę. Mężczyźnie wystarczy, że ma żonę, dziecko, mieszkanie, telewizor, no i seks. Jak jeszcze stać ich na wczasy w Egipcie, już jest pełnia szczęścia.

Powinni chcieć więcej?

Ani mi się śni psuć dobre samopoczucie zadowolonych z życia ludzi.

Rozdział V.
Zdrada,
czyli niebezpieczne związki

Rozdział V.

Mężczyźni powinni się wyszumieć za młodu / archetyp zdrady / czego oczekują kochankowie i kochanki / seryjne romanse / kobieca duma / seksualna wyłączność / panie zdradzają coraz częściej / seks bez miłości / ciekawość podwójnego życia / gdy codzienność rekompensuje brak uczuć / szczęśliwe trójkąty

Dlaczego mężczyźni nas zdradzają?

Przyczyn jest mnóstwo: niedowartościowanie, brak seksu lub niespełnienie seksualne, nadarzająca się okazja, chęć przeżycia przygody, osobowość Piotrusia Pana, który wiecznie się bawi życiem; bezmyślność, chęć sprawdzenia, udowodnienia, że skoro inni zdradzają, jego też na to stać.

Mężczyzna musi mieć oprócz żony jeszcze kochankę, by poczuć się męsko?

Niekoniecznie. Nawet w krajach latynoskich ten model macho już powoli zanika. Kończą się czasy, że na pogrzebie mężczyzny spotykały się jego dwie rodziny i nawet wówczas udawały, że nic o sobie nawzajem nie wiedzą. U nas też „machoizm" wychodzi z mody, ustępuje pola partnerstwu.

Z tym wiąże się jednak wciąż obowiązujące – wcale niegłupie – przekonanie, że mężczyzna powinien się wyszumieć za młodu. Że jeśli nazbiera w młodości wiele przygód, to kiedy wreszcie się zakocha i zbuduje trwały związek, nie będzie miał pokusy, by zdradzać. Bo jest w tej mierze dowartościowany, spełniony w roli mężczyzny – zdobywcy. Rzeczywiście istnieje bardzo duże zagrożenie zdrady w związku, w który mężczyzna wszedł jako prawiczek. Oczywiście zdarzają się panowie z natury monogamiczni lub bardzo religijni, poważnie traktujący dekalog – tacy mogą przeżyć całe życie, znając w sensie biblijnym tylko jedną kobietę. I mogą być z tym szczęśliwi. Na ogół jednak u mężczyzny istnieje chęć sprawdzenia się, rywalizacji, udowodnienia sobie, że jest sprawny nie tylko ze swoją żoną. Chodzi tu nawet nie tyle o jego własne pokusy, co o standardy społeczne, o to, co opowiadają przy piwie koledzy. Wtedy ryzyko zdrady rośnie, bo mężczyzna chce być tacy jak inni.

Ale i wiele kobiet powiela to przekonanie. Nie dla każdej partner, dla którego ona jest pierwsza, będzie źródłem autorytetu. Nieraz to sama kobieta popycha go do zdrady, bo męczy ją, że jest dla mężczyzny pierwsza i jedyna. Skoro tak, to nie miała konkurencji, a to nie daje satysfakcji. Co innego, gdy jest jego szóstą partnerką i wreszcie tą na stałe – no, to znaczy, że okazała się lepsza od pięciu poprzednich, wygrała. Do tego dochodzą archetypy: mężczyzna ma 28 lat i dopiero ze mną przeżywa swój pierwszy raz, zatem może coś z nim jest nie tak? Znam związki, w których on dostawał z tego powodu sygnały lekceważenia. I znalazł sobie kogoś na boku, by się dowartościować. Takich przypadków widziałem mnóstwo. A reakcje kobiet były bardzo różne. Jedne się dowiadywały i były szczęśliwe, inne się dowiedziały i były wściekłe. Kolejne się nie dowiedziały, ale mężczyzna był tą przygodą zbudowany.

Z kim oni nas zdradzają?

Nie ma jednego portretu, natomiast obowiązuje jedna zasada: zdradzają z tymi, które dają im to, czego nie daje żona. Jeśli mężczyzna w domu słyszy, że się do niczego nie nadaje, jest nieudacznikiem i pierdołą, to zdradzi z taką, dla której będzie bóstwem i autorytetem. Jeśli żona rzadko daje mu seks, to poszuka kochanki o dużym temperamencie. Jeśli partnerka nie ma czasu ani chęci z nim rozmawiać, on będzie się zwierzał kochance i godzinami z nią dyskutował. Ale mówię tu o długotrwałym układzie, romansie, który trwa ileś czasu. Nie mówię o przygodzie na jedną noc.

Mężczyźni zawsze kochankom mówią: „Żona mnie nie rozumie, nie układa nam się"? Miesiącami utwierdzają w przekonaniu, że kiedyś odejdą od żony, tylko na razie wystąpiły komplikacje natury obiektywnej?

A jak inaczej można utrzymać kochankę przy sobie? Przede wszystkim skarżąc się na żonę, czyli stwarzając – nawet niewypowiedzianą – nadzieję, że kiedyś będą razem. Kobiety tego szukają. Niewiele jest takich, które usłyszą: „Nie rozwiodę się, potrzebuję tylko seksu", i będą zadowolone, bo im też chodzi o seks.

Czyli kochanka jest de facto cały czas oszukiwana?

To nie jest takie proste. Niektórzy budują cały romans na kłamstwie, że małżeństwo jest w rozpadzie, rozwód jest kwestią czasu, a tak naprawdę żonę kochają, mają z nią udany seks. Inni tylko koloryzują, dodając czerni tam, gdzie rzeczywistość maluje się w szarościach. No bo też ile kobiet weszłoby w romans z kimś, kto im powie, że jest szczęśliwy w małżeństwie, ma udane życie seksualne, tyle że szuka sobie urozmaicenia? Na taki układ może się zgodzić tylko kobieta z niedużym poczuciem własnej wartości i tylko dla mężczyzny, który jest kimś z Olimpu i który samym swoim zainteresowaniem niezwykle podnosi jej samopoczucie. W normalnych relacjach kochanka lubi być „siostrą miłosierdzia" – pocieszać mężczyznę, który niebacznie związał się z sekutnicą, dawać mu to, czego tamta mu nie daje.

I ma nadzieję, że w końcu będzie go miała dla siebie?

Przeważnie tak jest. Ale może być też tak, że mężczyzna z góry mówi: „Nigdy się nie rozwiodę, nie potrzebuję rewolucji w życiu", a ona to przyjmuje. Tyle że apetyt w miarę jedzenia może się zmienić. Uznaje tamtą umowę za niebyłą, zaczyna żądać rozwodu. To nie jest wcale rzadkie. Kochankowie mogą się umówić, ale życie biegnie swoim torem i za rok którąś ze stron – najczęściej kobieta – przywiązuje się, zaczyna myśleć inaczej i nie chce dłużej być „tą drugą". Kobieta musi być bardzo zakochana, by na dłuższą metę tolerować tę pozycję. Ale znam związek, w którym ona była tą drugą przez kilkadziesiąt lat i do dziś nie stworzyła własnego związku.

Tak długo ją zwodził czy tak się umówili?

Nie zwodził jej. Otwarcie mówił, że kocha je obie – żonę i kochankę. Na tym też polega różnica między kobietą a mężczyzną. Nie wyobrażam sobie, by mężczyzna akceptował status tego drugiego przez tak długi okres. Myślę że trzy, cztery lata to maksimum tego, co mężczyzna wytrzyma jako ten drugi. Bo kobiety są na pewno bardziej uczuciowe i więcej zrobią dla miłości i przez miłość. Więc skoro kocha, to może wiele znieść, bo przecież nie wyobraża sobie życia bez niego. Nie mówię, że żaden mężczyzna nie byłby zdolny do wieloletniego utajonego związku z mężatką, do niewiązania się w tym czasie z inną kobietą, ale ja takiego nie spotkałem. Dla mężczyzny świadomość, że ukochana ma drugie, normalne, poukładane życie z innym partnerem, że ma z nim również udane życie seksualne, jest trudna do zniesienia. Trudniejsza niż dla kobiety. Chodzi o męską ambicję i o wyłączność seksualną, która dla panów jest bardzo istotna.

Ale też pamiętajmy, że dla tej kochanki wieloletni układ nie jest tylko pasmem cierpienia. Ona też coś z tego związku ma. W tym romansie trwającym kilkadziesiąt lat on ją po prostu kochał, był dla niej bardzo dobry, czuły, opiekuńczy.

Jednak żonę kochał bardziej?

Nie, kochał inaczej. A w tym konkretnym przypadku dochodzi jeszcze inna okoliczność. On jest prawicowym politykiem. Publiczna rola autorytetu w sprawach katolickiej moralności nie przeszkadza mu ciągnąć tego układu, ale już rozwód dla kochanki nie mieści się w jego planach życiowych. Kazimierz Marcinkiewicz to zrobił, ale najpierw musiał odejść z PiS-u. Poza tym znalazł się w Londynie, a takie długotrwałe rozstanie rozwaliło już wiele związków.

Czy żona o niej wie?

Żona niczego nie wie, a jego schadzki zależą od harmonogramu zajęć, który – jak to u polityka – jest dość elastyczny: tu spotkanie, tam wyjazd, gdzie indziej posiedzenie.

Wyjeżdżają czasem we dwójkę, on i kochanka?
Tak, zdarza im się. Nie jest on znowu aż tak atrakcyjnym obiektem dla paparazzich, żeby nie mogli się razem nigdzie ruszyć.

I on mówi kochance, że z żoną jest mu też dobrze?
Kochanka wie, że on żony nie zostawi, ale wie też np. że seks z żoną jest poprawny, typowo małżeński. Przy niej on staje się radosnym, spontanicznym mężczyzną. I kochanka w tym związku czuje się szczęśliwa, choć oczywiście cierpi, że jest i będzie tylko tą drugą. Chwile z nim są dla niej jednak czymś najważniejszym.

Ona go nie zdradza?
Nie.

Co się dzieje w legalnym związku, kiedy mąż ma kochankę? Czy to prawda, że robi się lepszym mężem?
Jeżeli ma poczucie winy i chce ją rekompensować, wtedy rzeczywiście w związku może być pozornie lepiej, on może bardziej dbać o swoją partnerkę, przynosić jej prezenty, kwiaty. I nieraz kobieta właśnie po tym się orientuje, że coś jest nie tak. Jednak mam wrażenie – bo w badania na ten temat nie wierzę, ludzie nie mówią prawdy – że jednak więcej

panów przejawia w tym czasie agresję wobec stałej partnerki. To jest bardzo perfidny mechanizm: mężczyzna z jednej strony wyładowuje na niewinnej kobiecie swoje emocje wywołane poczuciem winy, rozdrażnieniem, ale z drugiej wykorzystuje wywołaną u niej złość do samousprawiedliwienia; prowokuje jej agresję, by mieć alibi do zdrady, no bo jak ma żyć z taką sekutnicą.

Ale może ma rację, może partnerka naprawdę nie spełnia oczekiwań, skoro mężczyzna szuka kochanki.

To przeważnie nieprawda. Związek może być bardzo udany, ale wielu mężczyzn jest po prostu poligamicznych z natury. Są kraje, w których mogą te pragnienia spełnić i mają po trzy żony. U nas muszą to robić na boku. Ale nie potrzebują w tym celu szukać dziury w całym – nie mają nic do zarzucenia swojej stałej partnerce. I w większości przypadków doskonale zdają sobie z tego sprawę. Po stronie kobiety najczęściej nie ma żadnej winy i wiarołomny partner sam to przyznaje. Mówią w końcu: „Złego słowa nie mogę powiedzieć o swojej żonie".

Ale...

„... ale się zakochałem i kocham je obie".

Z tego wynika, że kobieta nawet jak jest ideałem, i tak nie może w żaden sposób zapobiec zdradzie, jeśli jej partner jest po prostu poligamistą.

Jest jeden sposób, jedna recepta: jasna i twarda deklaracja „jeżeli mnie zdradzisz, to z nami koniec". Tylko że kobieta, by poważnie postawić takie ultimatum, musi być odważna i silna. A mężczyzna musi ją znać i być przekonany, że ona mówi zupełnie serio. Że naprawdę wyrzuci go ze swojego życia. Strach przed końcem ułożonego życia w wielu przypadkach może przed zdradą uchronić.

Jednak dla niektórych kobiet taka deklaracja jest zbyt dużym ryzykiem. Położy na szali powodzenie związku, ale bez przekonania, że dla partnera jest on równie ważny co dla niej. Na takie ultimatum i na ryzyko, że będzie musiało się ziścić, mogą sobie pozwolić tylko kobiety prawdziwie niezależne, przekonane, że doskonale sobie poradzą również bez mężczyzny. Ale rzeczywiście można przyjąć, że po takiej umowie ryzyko zdrady ze strony partnera maleje, choć nie znika.

Miał pan pacjenta, który przyznał się panu, że nie zdradził tylko z powodu takiego strachu?

Oczywiście, miałem ich wielu. Niech sobie pani sama wyobrazi, o ileż łatwiej i chętniej mężczyzna będzie zdradzał, jeśli wie, że partnerka daje na to jawne lub ukryte przyzwolenie. Jeśli ona będzie mawiać nieraz, że mężczyzna od czasu do czasu „musi" skoczyć w bok albo że wszyscy mężczyźni są z natury poligamiczni. To dla niego brzmi jak zgoda. Jeśli więc sytuacja będzie temu sprzyjać, on na tę zdradę się zdecyduje.

Jaka część mężczyzn zostawia stałą partnerkę dla kochanki?

Zdecydowana mniejszość. Romanse pozamałżeńskie przeżywają kryzys na ogół po około dwóch latach. Wtedy przychodzi moment decyzji: w prawo czy w lewo. Dwa lata to przeważnie okres, po którym tej decyzji domagają się kochanki: rozwód albo koniec. Panowie na ogół mogliby taki układ ciągnąć w nieskończoność, bo jest dla nich wygodny. Ale jeśli muszą zdecydować, w znacznej większości przypadków decydują się na koniec romansu, wracają do rodzinnego gniazda. I w tym postanowieniu także dużą rolę pełnią przyzwyczajenie i wygodnictwo. Codzienność z żoną, jej przywary już zna. Do nowego życia z nową kobietą musiałby na nowo przywyknąć, a przecież zdaje sobie sprawę z tego, że – w większości przypadków – codzienność z kochanką może być równie szara jak z żoną. Tylko w okresie romansu każde spotkanie jest świętem. Stały związek zawsze popada w pewną rutynę i nie ma gwarancji, że rutyna z kochanką będzie bardziej znośna niż rutyna z żoną. Więc po co ta rewolucja? Wielokrotnie zdarza się, że mężczyzna decyduje się odejść od żony, ale kiedy już zazna codzienności z kochanką, wraca do domu i prosi o przebaczenie.

Wraca do domu, żona mu przebacza, a za rok znów nawiązuje romans?

Romanse seryjne to domena zwłaszcza środowisk artystycznych. Ludzie sztuki tłumaczą mi, że nowa kochanka ich uskrzydla, sprawia, że rozkwitają ich uzdolnienia twórcze. Dlatego jak ta inwencja już się wypali, wracają do żony i za jakiś czas muszą sobie znaleźć nową kochankę. Stale wysłuchuję historii, że on musi zdradzać, żeby móc tworzyć. Niektórzy przychodzą do mojego gabinetu, bo już im to ciąży. Innych dręczy poczucie, że postępują jak świnia. Jedyne, co mogę im poradzić, to pomóc zrozumieć konsekwencje takiego postępowania. Np. to, co się dalej dzieje z dziewczynami, które on w ten sposób wykorzystuje. Znam przypadek celebryty, który potwornie traktuje swoje kochanki. Niejedna już przez niego trafiła do mnie po pomoc. Bo one się zakochują, mimo że on np. szarpie je za włosy, wsadza do samochodu, wiezie do lasu i tam zmusza je do seksu. A potem porzuca. Rozkochuje i poniewiera. Jedną z jego kochanek musiałem wyciągać z ciężkiej depresji.

Kiedy kobieta może wybaczyć partnerowi skok w bok?

Dumna kobieta nie wybaczy nigdy. I partnerzy o tym wiedzą, znają jej osobowość na tyle, by domyślać się, że nawet jednorazowa zdrada skończy się katastrofą związku, nawet jeśli ona nie powiedziała tego wprost. I bez znaczenia, czy zdradził z głupoty, po pijaku, czy w agencji. Ale jest też sporo pań, które uważają, że mężczyzna to rodzaj zwierzaka, że czasem po prostu „musi", i dopóki się nie zakocha, to nie ma większego problemu.

Znał pan kobietę, która była na tyle dumna, że zrezygnowała z naprawdę dobrego związku ze względu na jednorazowy skok w bok mężczyzny?

Oczywiście. Pamiętam mężczyznę, który z czystej głupoty, z ciekawości poszedł do prostytutki. Jak tylko jego partnerka dowiedziała się o zdradzie, skreśliła go ze swojego życia. On chciał odbudować związek, ale ona stwierdziła, że nie umie już mu zaufać. Często do zdrady dochodzi na wyjazdach integracyjnych czy szkoleniach wyjazdowych dla firm. Kiedy ludzie obojga płci zgrupowani są w jednym miejscu przez tydzień, różne rzeczy się dzieją. I nierzadko, pod presją ogólnego nastroju świetnej zabawy i oczekiwań, by się „wyluzować", mężczyzna idzie na całość – by nie wypaść głupio, by pokazać, że też jest „równy gość". Miałem taki przypadek, że właśnie po takim wyjeździe partnerka nie wybaczyła, nie pomogły żadne tłumaczenia.

A powinna wybaczyć?

Próbuję po tego typu zdradzie prowadzić mediacje między partnerami, jeśli mężczyźnie zależy na tym związku. Ale od kobiety słyszę, że nie ma mowy o zlepieniu tej pary. I po latach ona przychodzi, bo nie umie już sobie ułożyć życia – albo dlatego że nie umie zaufać i stworzyć związku, albo dlatego że w wyniku braku zaufania zablokowała się w seksie. Te, które po prostu mają poczucie straty, bo poniewczasie zrozumiały, że to był najlepszy mężczyzna jakiego miały, do mnie nie trafią. Bo po co? By podzielić się żalem?

Kiedy kobieta zdradza?

Jest 235 motywacji kobiet do romansu. Nie przesadzam, to naukowe wyliczenia. U mężczyzn doliczono się niecałych 40. Kobieta może zdradzać dla awansu, dla pieniędzy, dla dowartościowania, dla seksu, dla romantyczności, dla wspólnej fascynacji muzyką klasyczną, z powodu podziwu, pięknego ciała kochanka... Czasami kochanek musi mieć to coś, czego nie ma mąż, ale niekoniecznie. Bywa, że kobieta znajduje w kochanku swojego męża sprzed lat. Kiedyś był taki spontaniczny, pełen energii, ale się zmienił i ona te cechy znajduje u kochanka. Może dojść do zdrady również dlatego, że kobiecie trudno wytrzymać z chodzącym ideałem. Ją obciąża to, że on jest godny podziwu, bo ona też chciałaby być podziwiana. I tego podziwu dla siebie będzie oczekiwać od kochanka.

Mówił pan o męskim priorytecie „seksualnej wyłączności" na partnerkę. Mężczyzna gorzej znosi kobiecą zdradę?

Tak. Dla niego świadomość fizycznej zdrady kobiety jest potężnym ciosem. Może mieć obsesyjne myśli na ten temat, trudno mu się pozbierać. Widziałem mężczyzn w kompletnej destrukcji, znałem i takich, którzy z tego powodu popełnili samobójstwo – młodzi mężczyźni, bardzo atrakcyjni. Oni do tego momentu mieli normalną, stabilną osobowość, a jednak zdrada kobiety doprowadziła ich na skraj.

Od czego zależy to, jak mężczyzna przeżywa wiarołomność partnerki?

Od tego, jak bardzo ją kochał, jak bardzo na zdradzie ucierpi jego prestiż, jego męska duma; od tego, jak bardzo wyidealizował kobietę i w jak wielką ruinę jej obraz popadł.

Znał pan takiego mężczyznę, który nie podniósł się, mimo że kobieta wróciła, pokajała się, chciała odbudować relację?

Znałem. Sam fakt zdrady okazał się tak destrukcyjny, że mężczyzna doprowadził do rozpadu związku, mimo że kobieta wróciła. On jednak miał już obsesję, widział twarz konkurenta za każdym razem, gdy się kochał z partnerką. Myślał o tym, że ona robiła to z tamtym. Nie było już ratunku dla tego związku.

Mężczyzna częściej targnie się na swoje życie z powodu zdrady niż kobieta?

Są nieco inne motywy takich samobójstw. Mężczyzna może się zabić z powodu zdrady jako takiej: że kobieta wybrała innego, choćby nawet na jedną noc. Kobieta jeśli zabija się z powodu zawodu miłosnego, to raczej w efekcie porzucenia, a nie samej zdrady: kiedy doszło do rozstania, ona jest samotna, zrozpaczona, nie odnalazła innego uczucia.

Mężczyzna reaguje na zdradę bardziej gwałtownie?

Zdecydowanie. W tym tkwi męska natura, że jeśli kobieta go oszuka, wtedy jest to cios w jego ego, w istotę jego męskości, w jego ambicje. W końcu na scenie pojawił się rywal, konkurent, a on potyczkę z nim przegrał. To szalenie działa na męskie emocje. Mogą się one obrócić przeciwko niemu samemu: rzadko doprowadzają do samobójstwa, ale do pijaństwa, depresji tak. Mężczyzna idzie do domu publicznego, wpada w ciąg alkoholowy, demoluje dom albo się z niego wyprowadza. Czasem też stłucze wiarołomną partnerkę. Są oczywiście i tacy, którzy idą zabić tego, który ich ośmieszył. Jestem biegłym sądowym i zabójstwo z powodu zdrady kobiety nie jest dla mnie niczym nietypowym.

Miał pan w swojej karierze pacjenta, który był tak zrozpaczony zdradą ukochanej, że nie dało mu się pomóc i targnął się na swoje życie?

Miałem przypadek chłopaka, którego zdradziła żona, ale do mnie po radę przyszli jego rodzice. Nalegali, by para poszukała pomocy specjalisty, bo chłopak strasznie rozpaczał. On był u mnie w gabinecie, nic nie zapowiadało, że jest gotów się zabić. Ale okazało się, że żona nie chciała wrócić. Gdy ten pacjent zorientował się, że nie odzyska ukochanej nawet po tym, jak ja z nią rozmawiałem, stracił nadzieję i popełnił samobójstwo.

Kobieta może kochać równocześnie męża i kochanka?

Tylko niektóre kobiety tak mogą i latami kochają dwóch. Natomiast inne, i jest ich więcej, podczas długotrwałego romansu silniej przywiązują się do kochanka i miewają, podobnie jak zdradzający mężczyźni, zachowania agresywne wobec dotychczasowego partnera. Prowokują też jego agresję, by przekonać się, że kochanek jest lepszy. Ale też kobiety potrafią maskować romans nadmiarem czułości do stałego partnera.

Częściej zostawiają męża dla kochanka niż na odwrót?

Nie. Ale śmielej kreują swoje życie i dobrze wiedzą, czego chcą. Mężczyźni szukają wygodnego świata. A kobiety same sobie kreują wygodny świat. Samodzielnie decydują, który związek jest dla nich lepszy, i równie często będzie to decyzja na korzyść, jak i niekorzyść dotychczasowego partnera. W grę tu wchodzą rozmaite motywy: czy ma z mężem dzieci, czy on jest dobrym ojcem, czy zależy jej na opinii środowiska itp.

Czy kobiety mają większy emocjonalny problem z własną zdradą niż mężczyźni?

Przeciwnie. Jeśli spojrzelibyśmy na ten biegun osób wiarołomnych, gdzie targają nimi wyrzuty sumienia, poczucie winy, znajdziemy tam więcej mężczyzn. Są tam również kobiety, ale jest ich mniej, bo u pań działa niebywała umiejętność uwalniania się od poczucia winy, usprawiedliwiania siebie i znajdywania innego winnego. Zawsze ilustruję to studentom przykładem stacji benzynowej. Stoi kolejka po paliwo, teren jest lekko spadzisty, na koniec kolejki podjeżdża kobieta kierowca. Nie zaciąga hamulca ręcznego i uderza samochodem w auto stojące przed nią. Kiedy tamten kierowca wyjdzie zobaczyć, co się stało, kobieta na ogół zaatakuje: dlaczego pan tu stoi? Obrona przez atak jest typową strategią płci pięknej. Jeśli ona znalazła sobie kochanka, na ogół będzie uważać, że to partner pchnął ją w ramiona innego. Rzadziej spotykam kobiety, które by się poczuwały do winy, uprawiały samokrytykę, uznawały, że robią świństwo. Panie umieją sobie wszystko uzasadnić i rozwiązać dylematy moralne na swoją korzyść.

Pana zdaniem nasza zdolność zagłuszania poczucia winy, w przypadku gdy zdradzamy, jest zdrowym objawem?

To objaw świadczący o tym, jak kobiecie zależy na zachowaniu swojego image'u, wysokiego mniemania u siebie i przed innymi. Znalezienie winy w kimś innym w tym pomaga. I oczywiście służy zdrowiu psychicznemu. Fizycznemu też, bo jeśli kogoś zżerają wyrzuty sumienia, wówczas może się dorobić wrzodów żołądka. Z punktu widzenia ochrony zdrowia mogę więc powiedzieć, że to przydatny mechanizm. Z punktu widzenia etycznego określiłbym to jednak jako ucieczkę od poczucia odpowiedzialności. Po ludzku mogę ten mechanizm zrozumieć.

Gdy taka kobieta siada naprzeciwko pana i tłumaczy, dlaczego musiała zdradzić i dlaczego mąż ją do tego pchnął, pan ma do niej sympatię?

Ja nie mam sympatii ani antypatii. Jako terapeuta rozumiem mechanizm, który powoduje, że zdradzająca kobieta szuka usprawiedliwienia. To wszystko. Ostatnio nawet miałem przypadek kobiety, żony, matki dwójki dzieci, która weszła w relację lesbijską i tłumaczy, że zrobiła tak, bowiem mąż jej nie doceniał, nie dopieszczał, nie zabiegał o nią itp. Całą mitologię wokół tego zbudowała. Oczekuje, że on jej odda dzieci, będzie je odwiedzał i będzie tolerował ten związek, że wykaże się skruchą za swoje zaniedbania i pogodzi się z sytuacją.

Myślałam, że dla mężczyzny to nie jest duży problem pogodzić się z tym, że kobieta zdradza go z kobietą.

Może i nie, jeśli zapraszają go do seksu. Ale ona go nie zaprasza, tylko rozwala rodzinę. Więc on nie jest skłonny do tolerowania tego układu. A ona jest szalenie rozżalona, że jemu ten plan nie odpowiada.

Na ogół jednak mężczyzna lepiej znosi fakt, że partnerka weszła w relację lesbijską, niż że zdradziła z facetem?

Oczywiście, pod warunkiem że kobieta nie zrywa z powodu tej innej kobiety związku. Fakt, że odeszła do innego, jest gorszy do zniesienia, bo w grę wchodzi rywal, który od samego początku ma przewagę.

W każdym razie mężczyźni rzeczywiście rzadziej szukają usprawiedliwienia dla własnej zdrady?

Oni mają jedną prostą racjonalizację: natura stworzyła ich poligamicznymi, oni po prostu tak mają, że są ukierunkowani na więcej niż jedną kobietę, i już. Na ogół nie szukają winy w swojej partnerce, jeśli ją zdradzili. Nie hamletyzują, nie zawracają sobie głowy motywacją.

To zresztą działa w jakimś sensie na korzyść pań, w przypadku gdy są zdradzone: jeśli partner zdradził z kobietą, tłumaczą sobie, że faceci tak mają, że to właśnie jest ich ta poligamiczna natura, że w jakimś sensie taki jest porządek świata. Gorzej, gdy partner odchodzi do innego mężczyzny. Wtedy poczucie zdrady łączy się z rodzajem obrzydzenia czy upokorzenia.

Jaki procent Polek zdradza stałych partnerów?

Tego tak samo jak w przypadku mężczyzn nie da się wiarygodnie określić. Część pań zapytanych o to podczas badań ankietowych w ogóle nie odpowie, część się przyzna zgodnie z prawdą, a niektóre uznają, że zdradzanie jest modne i potwierdzą wiarołomność, której wcale nie było. Wiadomo jednak, że tendencja jest rosnąca – kobiety zdradzają coraz częściej. Wynika to oczywiście z przemian obyczajowych, większej swobody seksualnej, czasem wręcz zachęty w pismach kobiecych – kiedyś w „Wysokich Obcasach" czytałem wyznania pań, które zdradziły i nigdy nie miały poczucia winy z tego powodu. Przekaz dla takiej „wahającej się" był jasny: mogę się zdecydować na skok w bok, to nie jest nic nagannego, skoro można się tym chwalić publicznie.

Wiadomo też, że dziś zdradzać jest zwyczajnie łatwiej, zwłaszcza w dużych aglomeracjach. Kobiety powszechnie pracują, wychodzą z domów, mają komórki, Internet, i dużo łatwiej jest im spotykać się z kimś potajemnie. Kiedyś trzeba było wymyślać niestworzone rzeczy, by wyskoczyć z domu i zadzwonić z budki telefonicznej.

Ale mimo tego wszystkiego wciąż w naszym kulturowym wzorcu kobiecości nie jest przyjęte, by ona uprawiała seks bez miłości. Nie mieści się w normie społecznej kobieta poszukująca przygody na jedną noc, bez poznania imienia kochanka, wychodząca od niego z łóżka bez sentymentów. Takie przypadki są raczej wyjątkiem, zdarzają się na zasadzie np. słodkiego smaku zemsty: kobieta wie, że została zdradzona przez partnera i dla poprawy własnego samopoczucia także zdradza, nie inwestując w obiekt zdrady żadnego uczucia. To jest jej cicha zemsta, zdradzającemu przyprawiła rogi i jest jej z tym lepiej. Nie musi tej przygody racjonalizować.

Podobnie nie będzie szukać takiej racjonalizacji kobieta zafascynowana rolą prostytutki. To jest najczęściej pani, która nie miała wielu partnerów w życiu i niezwykle pociąga ją myśl, że prostytutka ma tak wielu mężczyzn. Taka kobieta może mieć ten jednorazowy seks z przygodnym partnerem, by poczuć, jak to jest. I w takich przypadkach na ogół ma potem wyrzuty sumienia.

Tu działa prawo kontrastu? O byciu prostytutką marzą te najporządniejsze żony i matki?

Rzeczywiście, mechanizm jest podobny do zjawiska „ciemnej nocy". Zbadano, że im bardziej zakonnicy umartwiają się cieleśnie, tym mają większe pokusy seksualne. Analogicznie kobieta, która zawsze była najlepszą uczennicą, zawsze uważana za udaną córkę, wreszcie uznawana za wspaniałą, uczciwą, porządną matkę i żonę może w którymś momencie życia doznać pokusy zasmakowania ukrytego świata. Sprawdzenia, jak to jest, gdy nie jest się tak grzecznym. Taka kobieta zaczyna zdawać sobie sprawę, iż to, że znakomicie wypełnia wszystkie obowiązki i oczekiwania, nie jest całą prawdą o niej. Pojawia się „atrakcyjność grzechu", bo własna doskonałość po latach robi się męcząca. Większość takich pań rozwiązuje ten problem na poziomie fantazji – o tym, że się prostytuują, i to im wystarcza za odreagowanie. Ale zdarzają się takie, które realizują te fantazje. Decydują się na jednorazowe przygodne stosunki z przypadkowymi partnerami i czują się zaspokojone w tym pragnieniu grzeszności.

Spotkał pan takie, które regularnie prowadzą podwójne życie?

Miałem taką pacjentkę, która uchodziła za wzorową żonę i matkę, jednocześnie się regularnie prostytuując. Miała po temu warunki. Kiedy jej mąż wyjeżdżał na kilka dni służbowo, ona wówczas pakowała swoje walizki, wrzucała do nich wyzywające ubrania, buty i jechała pod warszawski hotel Victoria. Tam wyszukiwała sobie klientów i szła z nimi do łóżka.

Brała od nich pieniądze?

Tak, ale nie chodziło jej o pieniądze, nie musiała ich w ten sposób zarabiać. Jej chodziło o utożsamienie się z rolą prostytutki. Wreszcie zaniepokojona swoim stanem zgłosiła się do mnie. Bała się, że któregoś dnia prawda wyjdzie na jaw. Okazało się, że ona od dzieciństwa miała obniżone poczucie własnej wartości. Z tym wiązał się fakt, że wszystkie zachwyty nad tym, jaką jest wspaniałą żoną i matką, odbierała jako niezasłużone. I żeby zrównoważyć ten dysonans, udowadniała sobie, że nie jest warta tak dobrej opinii. Chodziła pod hotel, by się upokorzyć i dać pożywkę swemu niskiemu poczuciu wartości. Wtedy potwierdzała sobie to, co czuła od dzieciństwa: że nie zasługuje na pochwały.

Mąż się dowiedział?

Nie, nigdy. Udało jej się z tego wyjść, kiedy zrozumiała swoją motywację, zrozumiała, skąd się wzięła jej chęć znoszenia upokorzeń.

Poza takimi skrajnymi sytuacjami nie jest jednak powszechnie przyjęte, by kobieta otwarcie się przyznawała, że uprawia seks bez uczucia.

Tak, panie w większości trzymają się stereotypu porządnej kobiety, która nie wchodzi w seks dla seksu. Może się kierować emocjami, może stracić głowę – to jest OK. Ale seks na zimno – to nie jest przyjęte. Dlatego rzeczywiście po takim wyskoku uruchamia się ideologia: widocznie się zakochałam. Albo: to wina mojego partnera, bo mnie wkurzył, nie zaspokajał mnie seksualnie. Ale nieraz słyszałem od pacjentki szczere wyznanie, że była ciekawa, jak to jest z innym. Ciekawa: czy inni są inaczej zbudowani, inaczej się zachowują w łóżku, czy dla niej to będzie nowe przeżycie. Chciała sprawdzić, bo nigdy nie miała innego partnera niż jej obecny. W takiej sytuacji zaczyna działać wyobraźnia. Kobieta żyła dotąd w ułożonym, oczywistym świecie, a tu pojawia się element nowy, niepoznany. W końcu ciekawość jest jednym z motorów rozwoju ludzkości.

I czego się dowiedziała?

Że wielkiej różnicy nie ma – tak jest na ogół. Ale zaspokoiła ciekawość.

Co pan radzi na taką ciekawość?

Jeżeli ułożone życie rodzinne jest dla niej najwyższą wartością, ona wie, że z tym drugim na pewno nie zbuduje sobie życia, to pomagam jej zdystansować się od tej relacji.

Jak?

Metody są różne. Np. wizualizacja: wyobraźmy sobie, że już jest po kontakcie seksualnym z nowym partnerem, i co teraz? Jak wygląda poranek w jego łóżku, jak się czuje kobieta ze świadomością tego, co się wydarzyło? I dalej: jak kochanek może się zachowywać wobec niej w miejscu pracy, jeśli był to „zakładowy skok w bok”? Może się okazać, że dla niej to było na próbę, a on chce ten związek ciągnąć. Może się zachowywać ofensywnie, skoro już raz ze sobą byli, skoro dostał od niej przyzwolenie na bliskość. Co może z tego wyniknąć? Dla mężczyzny to może być wyzwanie: byłem z nią raz, a ona nie chce więcej? Jak to możliwe? I zaczyna naciskać.

Pacjentce, o której pan opowiada, udało się nie zabrnąć dalej?

Tak. Wyobraziła sobie wiele konsekwencji stracenia głowy, zrozumiała, że ten romans może jej bardzo poplątać ułożone, udane życie. I nie zdecydowała się na niego. Ale są kobiety, dla których dotychczasowe życie nie jest szczytem marzeń. U takiej pacjentki analogiczna wizualizacja może dać wręcz odwrotny skutek: tym bardziej będzie chciała sprawdzić, jak to będzie.

Jedyną uniwersalną radą dla tych, którzy nie chcą brnąć w romans, jest przecięcie go na samym początku, jak najszybciej. Jak tylko zorientują się, że robi się niebezpiecznie. Każdy krok dalej z tą myślą, że jeszcze panuje się nad sytuacją, jest ryzykiem. I dopóki jeszcze potrafimy nie odebrać telefonu, nie skorzystać z zaproszenia, powinniśmy rozważyć, czy jesteśmy zdecydowani na konsekwencje:

co zyskujemy, ale też co tracimy na nawiązaniu romansu, który może zniszczyć dotychczasowe życie. Bo potem okaże się, że już nie mamy wyboru i już nie umiemy nie odebrać tego telefonu.

Na tym nieraz polega też moja rola. Przychodzi do mnie szczęśliwa mężatka w ostatniej chwili przed katastrofą. „W co ja się pakuję?", pyta rozpaczliwie, mając jednocześnie olbrzymią pokusę „wpakowania się" w romans. Moim zadaniem jest dowiedzieć się, dlaczego nowy mężczyzna tak ją zafascynował, co się dzieje w jej dotychczasowym związku, że doszło do kryzysu, albo też co się wydarzyło w przeszłości, że kobieta rozważa zdradę. I ostatkiem sił usiłuje jeszcze znaleźć pomoc u terapeuty. Moim zadaniem jest pomóc jej zrozumieć te emocje i wraz z nią dokonać rachunku: co zyskuje, co traci. Decyzja należy do niej. Nieraz po takim spotkaniu terapeutycznym zadziała mechanizm poczucia straty: kobieta racjonalnie podjęła w gabinecie decyzję, że romans nie ma sensu i ona go utnie: nie będzie wspólnych herbatek w pracy, nie będzie czułych sms-ów. Podjęła decyzję i zaczyna przeżywać emocje, tak jakby ten koniec już nastąpił. Wywołane tym poczucie straty bywa tak duże, że ona tylko utwierdza się w przekonaniu, że nie chce tego romansu stracić, i choć podjęła inną decyzję, jednak w niego brnie.

To jest podobny mechanizm jak te ostateczne rozmowy par, które podjęły definitywną decyzję, że muszą się rozstać. I jak tylko ta decyzja zbliża się do realizacji – oni lądują w łóżku i mają gorący seks, lepszy niż poprzednio. Bo uświadomili sobie, co stracą.

I potem miotają się przez rok albo dwa, nie mogąc się rozstać, ale też nie mogąc ze sobą wytrzymać, by wreszcie rozejść się z hukiem?

Najczęściej tak to się kończy. Chyba że po drodze pojawi się dziecko i sprawa się komplikuje. Znam wiele związków, które zdecydowały, że muszą się rozstać, ale zanim wreszcie do tego doprowadziły, pojawiła się ciąża. Znam takie małżeństwo, w którym jedno i drugie ma poczucie przymusowości. Nie chcą się rozstawać, dopóki dziecko jest w wieku przedszkolnym, ale zapewne zdecydują się na rozwód, jak tylko podrośnie.

Są sobie wierni?

Ona jest wierna z przymusu, bo jest dość uwiązana przy dziecku. On nawiązuje romanse bez specjalnych wyrzutów sumienia. Pewnie doprowadzą dziecko do pierwszej komunii i się rozstaną, chyba że się do siebie w końcu... przyzwyczają. Tak też bywa, że para wie, iż nie powinni być ze sobą, ale nie spotkali na swojej drodze nikogo, w kim by się zakochali, a siła przyzwyczajenia jest tak duża, że zostają razem. I bywają całkiem zadowoleni z tego rozwiązania. Przyzwyczajenie potrafi utrzymać bardzo wiele związków: to są nawyki, dopasowanie stylu życia, fajna codzienność.

Brak miłości nie musi oznaczać braku zadowolenia?

Nie, udana codzienność potrafi zrekompensować brak porywającego uczucia. Jeśli uwili sobie gniazdko, w którym oboje po prostu dobrze się czują. Nawet jeśli kogoś poznają, to przeczuwają, że ta codzienność nie byłaby już taka fajna, to już nie byłoby to. Znam zgodne małżeństwo, które utrzymało się mimo romansu męża tylko na tej podstawie, że żona jest znakomitą kucharką. On bardzo sobie cenił miłosne uniesienia, z bardzo zresztą atrakcyjną kochanką, która była gotowa na niego długo czekać. Ale okazało się, że on jeszcze bardziej ceni rozkosze podniebienia, uwielbia jeść. A żona gotuje świetnie, z fantazją, ukończyła różne kursy, wydaje fantastyczne przyjęcia dla przyjaciół. Dla niego to jest nie do przecenienia i w zasadzie tylko z tego powodu zdecydował się utrzymać małżeństwo.

Ona wie o tej motywacji?

Nie. Gdyby wiedziała, przestałaby gotować.

Czy kobiety potrafią porzucić udaną rodzinę tylko dla niezrównanego seksu z kochankiem?

Spotkałem się z jednym takim przypadkiem. Kobieta – wykształcona, lekarka – straciła mieszkanie w centrum Warszawy, majątek, straciła dzieci, atrakcyjnego, dobrego męża – przedsiębiorcę, który wszystko inwestował w dom, rodzinę. Oboje oceniali, że mają dobre życie i związek. A jednak odeszła z mężczyzną, który kompletnie zafascynował ją seksualnie. Zadziałał na nią bardzo zmysłowo i ona się w tym zatraciła.

Jak go poznała? Szukała przygody?

On przyszedł do niej jako pacjent. A ona nie była psychoterapeutą, żeby nawiązywać długotrwałe relacje z pacjentami, wielokrotnie się z nimi spotykać. Miała specjalność czysto zabiegową, gdzie pacjenta na ogół widzi się tylko raz. Spotkali się i natychmiast zaiskrzyło. To było bardzo zmysłowe zakochanie. Przy nim miała dużo intensywniejsze doznania seksualne niż z mężem. Mówiła, że „poznała nową jakość, przeskoczyła dwa stopnie wyżej". Miała wrażenie, że jego członek jest znacznie większy, sztuka miłosna znacznie doskonalsza.

Kto do pana przyszedł po pomoc?

Najpierw jej matka, potem teściowa, wreszcie mąż. To było bardzo udane małżeństwo i mąż chciał, by trwało. Był gotów jej wybaczyć zdradę, byleby w tym szaleństwie nie burzyła rodziny. Pytał mnie, co może uratować ich małżeństwo: to, że on się zgodzi na rozwód, czy że się nie zgodzi. Nic nie pomogło. Ona mi tłumaczyła, że nie wyobraża sobie powrotu do męża, seksu z nim, powrotu do tej „jakości", którą znała od tylu lat. Nie usiłowała tworzyć żadnej ideologii. Mówiła wprost, że zafrapowała ją jego fizyczność, zwierzęcość, która stała się dla niej niezwykle atrakcyjna. Jej mąż był zawsze schludny, ogolony, poukładany; łóżko zawsze czyste, pachnące, do łóżka zawsze w piżamie, seks bardzo w porządku. Nowy mężczyzna był całkowitym przeciwieństwem: pachniał sobą, swoim potem i dla niej było to ekscytujące; zachowywał się spontanicznie, w jego oczach widziała pożądanie. Uprawiał z nią seks na stole w kuchni czy na podłodze, bo właśnie poczuł przypływ podniecenia na jej widok. Intensywnie przeżywał orgazm. W porównaniu z tamtym dżentelmenem to był stuprocentowy samiec. Dla niej samej było zaskoczeniem odkrycie, że ma pod skórą wulkan: jest niezwykle wrażliwa na bodźce zapachowe, ma ukrytą naturę zwierzęcą; że tak dla niego oszalała. Wyjechała z nowym partnerem do innego miasta, dzieci zostały przy ojcu, bo nie chciały jechać z matką. Standard życia jej się obniżył, ale z tym kochankiem żyje do dziś.

Jak to się ma do teorii rywalizacji plemników? Opiekuńczy dżentelmen powinien był wygrać, zatrzymać kobietę przy sobie.

Ostatecznie chodzi o to, które plemniki wygrają wyścig do jajeczka, a z badań w Wielkiej Brytanii wynika, że kobiety na stałe wybierają co prawda dżentelmenów, ale i tak co dziesiąte dziecko jest „kukułczym jajem", rezultatem skoku w bok.

Ale też miałem zupełnie inny przypadek fascynacji, która doprowadziła kobietę do zdrady i rozbicia rodziny. Ta pani była szczęśliwą żoną i matką dwójki dzieci, z poukładanym życiem, własną firmą, satysfakcjonującymi przyjaźniami itp. Podszedł do niej na przyjęciu mężczyzna, wyraźnie nią zauroczony, i oświadczył: „Będzie pani moją żoną". Ona go wyśmiała. Ale po dwóch latach dopiął swego.

Widać nie była w małżeństwie aż tak szczęśliwa.

Była w bardzo udanym małżeństwie, ale ten mężczyzna był uparty i konsekwentny. Zaintrygował ją, a to jest pierwszy stopień do zauroczenia. Stworzył jej świat bliskości, w który ona weszła. Był mniej przystojny od jej męża, mniej zarabiał. Ale potrafił czarować słowem, potrafił pięknie mówić. O każdym banalnym wydarzeniu potrafił opowiadać poezją. A jej w szarej codzienności wkrótce zaczęło brakować jego opowieści. Z głupiego stania samochodem w korku potrafił stworzyć poemat: o przeżyciach ludzi, którzy jechali obok, o słońcu połyskującym na dachach. Nie był zniewieściały w żadnym stopniu, ale mógł mieć osobowość androgyniczną. A ludzie łączący w sobie cechy obu płci, posiadający bogatsze walory niż tylko typowo męskie czy kobiece są ciekawszymi partnerami. Ta kobieta z nowym mężczyzną stworzyła bardzo udany związek, trwający do dziś. Mąż na ten romans zareagował bardzo ostro, zaczął szaleć, odbyła się walka o dzieci. Ale dziś dzieci są dorosłe, a ona pozostaje pod urokiem tego mężczyzny.

Zna pan szczęśliwe trójkąty?

Tak. To był układ, w którym żona użyczała męża swojej siostrze. Nie chodziło im o seks grupowy, lecz po prostu kochały go obie. Mieszkali razem w jednym domu i ten mężczyzna przez kilkadziesiąt lat odwiedzał również sypialnię swojej szwagierki.

Żona o tym wiedziała?

Tak.

Czemu się na to godziła?

Bo kochała swoją siostrę i chciała, by było jej dobrze.

Ta siostra miała ze sobą jakiś problem, że nie znalazła własnego męża?

Nie, wszystko z nią było w porządku. Natomiast miała silnie rozwinięte poczucie niezależności i ten układ, w którym nie musiała pełnić roli żony na pełen etat, w zupełności jej wystarczał. Kiedy w małżeństwie jej siostry pojawiły się dzieci, ona weszła w rolę drugiej mamy. Nie miała potrzeby posiadania męża i własnych dzieci, bo siostrzeńców traktowała jak własne.

Z jakim więc problemem do pana przyszli?

Nie z własnym. Małżonkowie przyszli po radę w sprawie swego dziecka. To, że w domu istnieje taki specyficzny układ, wyszło na jaw niejako przypadkiem, kiedy zbierałem od nich wywiad. Oni traktowali to jako rzecz najnormalniejszą pod słońcem. W tym układzie panowała pełna harmonia. Takie wieloletnie układy trójkowe nie są wcale takim ewenementem, ale wiadomo o nich bardzo mało, bo rzadko szukają pomocy terapeutów. Ale żeby było zdrowo, każdy wie o każdym, nie ma między nimi tajemnic.

Spotkał się pan także z odwrotnym układem, gdy przez dziesięciolecia dwóch panów dzieli się jedną panią?

Tak, ten trzeci był przyjacielem domu. Nie mieszkali razem, nie uprawiali razem seksu. Obaj panowie akceptowali, że są kochankami tej samej kobiety, a ona była szczęśliwa, bo kochała ich obu. Jeden był jej mężem, mieszkał z nią, a drugi ich odwiedzał.

Ale przecież mężczyźni nie akceptują braku seksualnej wyłączności.

Ci dwaj na samym początku byli przyjaciółmi. Gdy pojawiła się kobieta, obaj się w niej zakochali i obaj nie byli jej obojętni. Tylko że jeden oświadczył się szybciej.

A ten drugi był jego świadkiem na ślubie?

Zgadła pani. Gdyby to on poprosił ją o rękę najpierw, też by się zgodziła. Zdawali sobie sprawę z wzajemnych uczuć i pogodzili się z układem trójkowym. Żaden z panów nie czuł się zdradzany, bo ta pani była im wierna, a oni byli wierni jej.

Po nocy z „przyjacielem domu" jedli we trójkę śniadanie?

Tak. On schodził w szlafroku. Mąż nie miał mu tego za złe.

I opowiadali sobie, jak im minęła noc?

Nie, w ich rozmowach nie pojawiał się temat łóżkowy. To pozostawało między nią a każdym z nich.

Ten trzeci nie znalazł sobie partnerki na wyłączność?

Tak długo, jak śledziłem ich losy, nie. Ale nie wiem, co dziś się u nich dzieje. Wiem, że trwali w tej konstelacji wiele lat.

Mieli dzieci?

Tak, ślubnego syna. Był wykapanym ojcem, nie było wątpliwości, że autorem jest mąż.

Czy po tylu latach obserwacji relacji męsko-damskich uważa pan, że dla kobiet swoboda obyczajowa jest lepsza? Są szczęśliwsze,

jeśli mogą wypróbować wielu partnerów i wybrać tego, który najlepiej im odpowiada?

Dla zdrowia psychicznego i seksualnego kobiety zawsze lepszy będzie dobry związek seksualny oparty na silnej więzi uczuciowej, na miłości. Przy silnej więzi uczuciowej jest też najbogatszy seks. I nie chodzi mi o techniki i pozycje, lecz o wzajemną ciekawość. Istnieje wręcz fenomen, który nazywamy wielokrotną inicjacją kobiet. Nawet pani, która miała wielu kochanków i bujne życie seksualne, z chwilą kiedy się naprawdę zakochała, może się zachowywać zupełnie jak dziewica, może ponownie przechodzić swoistą inicjację seksualną. Dla niej seks połączony z prawdziwą miłością jest czymś nowym i odkrywczym. Może stanowić zupełnie nowe doznanie.

Ale też nieraz się zdarza, że duże doświadczenie partnerki jest przyczyną rozpadu związku, w przypadku gdy obecny partner nie zaspokaja jej oczekiwań wyniesionych z poprzednich relacji.

Rozdział VI.
BÓG i SEKS,
czyli kłopoty z katolickim wychowaniem

Rozdział VI.

Katolickie problemy z cielesnością / chrześcijańskie doktryny miłości / religia jako szantaż / wiara jako zabezpieczenie przed zdradą / seks w judaizmie / dlaczego Kamasutra nie mogła powstać w Europie / gdzie islam bywa liberalny / świętość ciała w tantryzmie / orgazm punktem honoru

Czy to, w co wierzymy, ma wpływ na to, jak budujemy związki i jak zachowujemy się w łóżku?

I tak, i nie, to wszystko jest bardzo zróżnicowane. Podam dwa przykłady. Wyobraźmy sobie osobę, która od dzieciństwa jest wychowywana w duchu danej religii, która buduje na niej całą obyczajowość. Np. u mieszkańców jakiejś wioski w Egipcie, wyznawców islamu, gdzie wszystko jest regulowane od urodzenia do śmierci, cały rytm życia jest poddany religii. Tam religia i obyczajowość są ściśle ze sobą sprzężone. Nie ma pola manewru, to jest jedyna opcja życia.

To wchodzi również w sferę intymną.

Oczywiście. Natomiast popatrzmy teraz na drugi wariant. Wśród wierzących katolików najzupełniej normalna stała się rozbieżność: wiadomo, że nie wolno współżyć przed ślubem, a współżyją; wiadomo, że nie wolno stosować antykoncepcji, a stosują. Problem tylko polega na tym, czy mają z tego powodu poczucie winy. Jeśli tak, to ono się kładzie cieniem na życiu seksualnym. Bo można mieć ten seks, ale on jest w oparach grzechu, poczucia winy, uniemożliwia pełną satysfakcję, wyzwala napięcie. Co innego, jeśli potrafią to sobie racjonalizować: Kościół mówi, że nie wolno współżyć przed ślubem, ale czasy się zmieniły, nikt już nie kupuje kota w worku itp. Wówczas poczucia winy nie mają. A wszystko zależy od tego, czy religia sprzyja radości czy smutkowi. Niewiele jest religii na świecie, które seks traktują ciepło, gdzie jest on wartością i gdzie nie ma dysonansu między religią a satysfakcją seksualną, a nawet bywa to sprzężone. Gorzej, jeżeli religia hamuje, straszy, jeżeli traktuje seks jako uosobienie zła albo go deprecjonuje, jak to było przez wiele wieków chrześcijaństwa, w którym seks był wcieleniem zła, pokusą, która nas doprowadzi do potępienia. Co robili małżonkowie w sypialni? Oddawali się grzesznym przyjemnościom, towarzyszyło temu poczucie winy, lęk, zahamowanie, skrępowanie. Stąd się brało, że mąż nigdy nie widział nagości swojej żony, tylko była klapka w koszuli nocnej. Kobieta była opisywana jako worek pełen nieczystości. W dwunastowiecznym dekrecie Gracjana, który aż do XX wieku był podstawą prawa kościelnego, mężczyzna był w pełni stworzony na podobieństwo Boga, a kobieta nie, bo jej dusza i ciało przeszkadzają męskiemu rozumowi. Dlatego w katolicyzmie przez wieki kobieta była istotą niższą, podporządkowaną mężczyźnie. W XIII wieku św. Bernardyn zalecał, by nie dawać kobiecie ani chwili wytchnienia w pracy, nie przyzwyczajać jej do wygód. Niektórzy kaznodzieje wręcz zachęcali do bicia i poniewierania kobiet.

Ale warto też wiedzieć, że w chrześcijaństwie od samego początku istniał także drugi nurt, przychylny wobec seksu. To były pisma takich myślicieli jak Klemens z Aleksandrii, Jan Chryzostom, Franciszek Salezy. Św. Jan Chryzostom twierdził np. odważnie, że małżonkowie mogą uprawiać seks nie tylko w celu prokreacji. Powiedzmy jednak szczerze, że nurt ten pozostawał marginalny w zasadzie aż do Soboru Watykańskiego II, do pontyfikatu Jana XXIII, Pawła VI, wreszcie Jana Pawła II. Przedtem jednak bardzo nieliczni księża potrafili mówić małżonkom, żeby się cieszyli swoimi zbliżeniami. Dominujące było potępienie wszelkich pozycji poza misjonarską, zakaz seksu oralnego, o analnym nie wspominając, i wszelkiej przyjemności, która nie miała celu prokreacyjnego.

Dopiero całkiem niedawno na znaczeniu zaczął zyskiwać ten nurt życzliwości wobec seksu – oczywiście małżeńskiego. Niektórzy wierni potrafią wręcz łączyć przyjemność seksu z radością natury religijnej, wręcz mistycznej. Mówią wtedy, że czują się, jakby przekraczali swoje granice.

Ale to wciąż bardzo rzadkie.

Tak, w szerokim nurcie katolicyzmu nadal obowiązuje daleko posunięta hipokryzja w kwestiach seksualności. Począwszy od tego, że księża mają żyć w celibacie, a o wielu z nich społeczność wiejska dobrze wie, że mają kobietę, nieraz dzieci. I nie przeszkadza to szanować księdza proboszcza, bo jest na przykład dobrym organizatorem. Dla wiernych to jest jasny sygnał, że nauka Kościoła sobie, a życie sobie. Trudno oczekiwać w życiu ideałów.

W Polsce wciąż dominuje Kościół ludowy: w niedzielę na mszę iść trzeba, raz w roku się spowiadać, ale co tam kto ma pod kołdrą, jego sprawa.

Czy zatem wiara katolicka potrafi dziś pomagać w związku? Czy nadal tylko krępuje i ogranicza?

Moja teza jest taka, że osobom wierzącym, praktykującym, ale wyznającym tę pozytywną – ewangeliczną, a nie starotestamentową – wizję wiary, płci, chrześcijaństwa, religia na pewno nie przeszkadza. Problem mają ci, dla których Bóg jest straszny, czyha na ich potknięcia, liczy je i obmyśla karę piekielną. Tacy mają kłopot. Są zahamowani, sfrustrowani, nie są w stanie niczego pozytywnego przeżyć.

Zdarzają się panu jeszcze pacjentki na tyle przejęte wiarą, by mieć z nią problemy w łóżku?

Rzadko, ale się zdarzają. Rygorystyczne wychowanie religijne wciąż pokutuje. Wychowanie, w którym seks jest traktowany jako grzech szczególny, a szóste przykazanie „nie cudzołóż" okazuje się najważniejsze z całego dekalogu, powoduje obsesyjną walkę z własną seksualnością, z „pokusami". To rodzi zahamowania w życiu seksualnym i to nie jest problem wydumany, choć na pewno mniej powszechny niż dziesięciolecia temu. Szacuje się, że kobiety z pochwicą – czyli ze skurczem pochwy uniemożliwiającym odbycie stosunku – stanowią ok. 2 proc. populacji.

Kiedy robimy badania ogólnopolskie, wciąż okazują się widoczne korelacje między religijnością a seksualnością. Ale dziś są to najczęściej tylko różnice dotyczące niektórych poglądów, np. co do aborcji. Coraz mniejsze są za to różnice w podejściu do antykoncepcji czy do edukacji seksualnej w szkołach. Znaczącą różnicę podejścia do erotyzmu człowieka zauważamy tylko tam, gdzie do religii się dołącza tradycyjna obyczajowość. W Polsce ta odmienność obyczajowa najsilniej jest widoczna w regionach południowo-wschodnich. Tam Kościół, tradycyjna rodzina to wciąż bardzo ważne wartości.

Kiedy temat religii pojawia się w gabinecie terapeutycznym?

Podam kilka typowych przykładów, które występują najczęściej. Jest para zaangażowana w ruch religijny, tzw. oazowy czy w duszpasterstwo akademickie. Są aktywistami religijnymi, ale są też parą dwojga młodych ludzi, no i mają poważny problem z seksem. Cały czas się hamują, tłumią swoje pożądanie, bo żyją w przekonaniu, że do ślubu należy zachować czystość. Przychodzą, gdy nie mogą sobie z tym poradzić, bardzo się męczą, albo też przychodzą po czasie, po ślubie, z następstwami tego skutecznego wytłumienia namiętności. Teraz już są związkiem, ale wygasili w sobie żar. Mogą w zgodzie z sumieniem rozpocząć współżycie, ale już im się nie chce albo kompletnie nie wiedzą, jak.

W tego typu historiach par silnie zmotywowanych religijnie charakterystyczne jest zresztą, że stroną, która prędzej jest skłonna złamać obietnicę czystości jest... kobieta. Okazuje się, że gdy ona jest zakochana, jej ciało coraz bardziej potrzebuje tego intymnego spotkania. Mężczyźni skuteczniej potrafią rozdzielić uczucia od seksu, a w takich przypadkach oznacza to, że on może poskromić seks dla czegoś, w co wierzy. A u niej jest to silnie połączone: tym silniej, im bardziej jest zakochana. Dlatego to ona częściej kruszeje. Zdarza się zresztą, że on jest zbulwersowany postawą partnerki; zaniepokojony, że jeżeli teraz ona już łamie obietnicę, to czy później dochowa wierności.

Z czym jeszcze przychodzą do pana wierzący?

Religia czasem pojawia się też jako czynnik w sporach w związku. Bo jedna strona miała religijność tej drugiej jako gwarancję uczciwości, i nagle jest szok, bo partner, który co tydzień był w kościele, codziennie prowadził wspólną modlitwę w domu – zdradził. Bo nadal religijność – nie deklarowana, ale realizowana – daje drugiej stronie duże poczucie bezpieczeństwa. A tu nagle ciach, okazuje się, że taki człowiek może zawieść i ten cały bezpieczny świat nagle się burzy.

W konfliktach w związku religia nieraz służy też do manipulacji: np. ponieważ jesteś katolikiem, nie wolno ci się rozwieść. Któreś z nich przypomina sobie, że przed laty wzięli ślub w kościele i wykorzystuje to do walki.

Natomiast rzeczywiście coraz rzadziej się zdarza, by para szukała pomocy, dlatego że ktoś jest w łóżku zahamowany z powodu lęku przed Bogiem.

Czy jest tak rzeczywiście, że osoby gorliwie wierzące zdradzają rzadziej?

Oczywiście. Dla nich gorliwa wiara jest drogowskazem życia. To się też wiąże z bardzo praktycznymi drobiazgami. Znam na przykład parę, która od lat święcie przestrzega zasady, by każdy konflikt rozwiązać przed zaśnięciem. Bo św. Paweł powiedział, że „nie może zajść słońce nad zagniewaniem waszym". Więc u nich działa zasada, że nie ma żadnych cichych dni, dzisiaj jest konflikt i dzisiaj musi być rozwiązany. W taki sposób prawdziwa wiara potrafi mieć znakomity wpływ na kondycję związku.

Niektóre pary tworzą też tzw. Kościół domowy. W domu prowadzą czytania Pisma Świętego, rozważania, dyskusje, i dla nich jest to głęboko rozwijające. Jeśli oboje rozwijają w ten sposób swoją religijność, na ogół wzmacniają tym samym więź między sobą. To może pozytywnie wpływać na ich życie intymne również. Takie pary też znam.

Czy istnieje pana zdaniem religia, która przez wieki gorzej sobie poradziła z ludzką seksualnością niż katolicyzm? Nawet tak bliskie nam prawosławie ma w tym względzie znacznie mniej zakazów, wymogów.

Tu możemy się pocieszać, że istnieją np. fundamentalistyczne odłamy protestantyzmu, które w kwestiach łóżkowych mają znacznie większy rygor i generalnie są bardziej negatywnie nastawione do seksualności niż Kościół rzymskokatolicki. Na przestrzeni wieków i do dziś istnieją nurty, dla których walka z ciałem i zmysłowością pozostają głównym zadaniem człowieka na ziemi. Początków takiego myślenia można się dopatrywać w manicheizmie, który do grzechów najcięższych zaliczał zabijanie istot żywych oraz... życie seksualne.

Kościół prawosławny rzeczywiście przyjął zasadę, że nie wtrąca się do sypialni małżonków, jest w ogóle bardziej wyrozumiały dla ludzkich słabości. Sam fakt, że dopuszczalne są rozwody i można w zgodzie z prawosławiem ożenić się po raz drugi, też o czymś świadczy. Myśliciele Kościoła Wschodniego twierdzili, że seksualna radość jest w małżeństwie dobrem, wartością samą w sobie. Dla prawosławia nie jest przypadkiem, że pierwszy cud uczynił Jezus na weselu w Kanie Galilejskiej, kiedy dwoje ludzi zaczynało wspólne życie. Tak jak Kościół prawosławny nie wchodzi w szczegóły małżeńskiego pożycia, tak też sumieniu małżonków pozostawia antykoncepcję.

Mamy więc w chrześcijaństwie całą mozaikę nurtów, od pozytywnie nastawionych do seksu niektórych wspólnot protestanckich aż do fundamentalistów, którzy wojują z seksem, ciałem i z teorią ewolucji także.

Przed chrześcijaństwem był judaizm. Powinniśmy w nim upatrywać początków seksualnego rygoryzmu?

Rzeczywiście, judaizm od zawsze zalecał kontrolę tego, co dwoje ludzi robi w łóżku. Dosłownie brał biblijny nakaz „rozmnażajcie się", w związku z czym seks był dostępny jedynie małżonkom i przede wszystkim po to, by płodzić dzieci. Ale żydzi od dawna pamiętają też o innym cytacie starotestamentowym: „Źle człowiekowi być samemu", dlatego zwracali też uwagę na budowanie więzi psychicznej między małżonkami – również w łóżku.

Nie zmienia to jednak faktu, że przez większość dziejów traktowali seks nieufnie. Żydowska tradycja biblijna ukazuje mężczyznę jako ofiarę kobiecych pokus. One były tymi, które są pożądliwe i agresywne w swoich namiętnościach. Stąd też utrzymująca się do dziś w tradycyjnych wspólnotach zasada, że obie płcie spotykają się jedynie w bardzo określonych warunkach, nie ma wspólnych modlitw, koedukacyjnych zabaw itp. I dlatego mąż mógł karać żonę, odmawiając jej przyjemności w łóżku. Z tą przyjemnością Talmud w ogóle każe uważać: „Nasycona namiętność czuje jednakże ciągle głód. Im więcej chcemy popęd zmysłowy zaspokoić, tym więcej pragnie on być zaspokojonym".

Uważa się jednak, że starożytny judaizm był i tak życzliwy względem kobiet w porównaniu z innymi ówczesnymi kulturami.

To w jakimś stopniu prawda, pozycja kobiety w społeczności izraelskiej była stosunkowo wysoka. Dziewictwo nie stanowiło o wartości, choć u kandydatki na żonę było cenione. Dla dojrzałej pani stawało się jednak nieszczęściem, poniżało ją w oczach społeczności. W „Księdze Sędziów" córka Jeftego wręcz opłakuje swoje dziewictwo i świadomość, że umrze, nie zaznawszy małżeństwa i macierzyństwa: „Poszła więc ona i towarzyszki jej i na górach opłakiwała swoje dziewictwo (...) i tak nie poznała pożycia z mężem" [Biblia Tysiąclecia]. A celibat u starożytnych żydów był czymś tak nienaturalnym, że niemal przestępstwem. W końcu jesteśmy stworzeni po to, by się rozmnażać.

W ogóle Stary Testament pełen jest wspaniałych kobiet: Rut, Judyta, Estera, Rebeka, Debora. „Pieśń nad pieśniami" jest wielkim hymnem sławiącym urodę kobiety. Później, również w Nowym Testamencie, ich znaczenie maleje. W Talmudzie jednak łatwo znaleźć cytaty doceniające wartość płci pięknej: „Człowiek bez żony żyje w świecie bez radości, bez błogosławieństwa, bez dobra". Chociaż z drugiej strony są i teksty wręcz antyfeministyczne jak odpowiedź Rabbiego Jehoszuy na pytanie, czemu kobiety używają wonności, a mężczyźni nie: „Adam stworzony został z ziemi, a ziemia nigdy nie cuchnie. Zaś Ewa została stworzona z kości".

Talmud zawiera przepisy seksualne, co wolno, a czego nie?

Wiemy, że żydowskie prawo nie zakazywało stosunków między osobami niezamężnymi. Mężczyzna nie mógł przebywać sam na sam z kobietą, nie powinien całować krewnych, zabroniona jest masturbacja. W celu unikania erekcji zalecane było spanie na wznak, unikanie noszenia obcisłej bielizny czy obserwowania kopulujących zwierząt. Współżycie z żoną miało cztery cele: prokreację, dobro płodu w czasie ciąży oraz zaspokojenie żądzy – jej i jego. Mężczyznom zalecano przedłużanie stosunku aż do osiągnięcia przez żonę orgazmu, natomiast nie wolno im było patrzeć ani tym bardziej całować kobiecych narządów płciowych. Podczas współżycia zalecana była ciemność i pozycja klasyczna.

Co u zarania chrześcijaństwa legło takiego, że jest restrykcyjne wobec seksu? Dlaczego to nie chrześcijanin napisał Kamasutrę?

W chrześcijaństwie nie mogła powstać Kamasutra, bo Jezus był kawalerem i nie miał dzieci. Nie wypowiadał się na temat seksu. Pierwsi teologowie chrześcijaństwa wyciągali natomiast z nauk Chrystusa wniosek, np. taki jak Tertulian: kobieta jest bramą piekła, „powinna zawsze nosić żałobę, być okryta łachmanami". Najbardziej znaczące dla etyki seksualnej chrześcijan były chyba jednak listy św. Pawła. To on wymyślił np. wyższość dziewictwa i celibatu nad małżeństwem. Jego 1. List do Koryntian jest pełen nakazów i zakazów dotyczących relacji damsko-męskich: „(...) dobrze jest człowiekowi nie łączyć się z kobietą. Ze względu jednak na niebezpieczeństwo rozpusty niech każdy ma swoją żonę, a każda swojego męża. Mąż niech oddaje powinność żonie, podobnie też żona mężowi. Żona nie rozporządza własnym ciałem, lecz jej mąż; podobnie też i mąż nie rozporządza własnym ciałem, ale żona. Nie unikajcie jedno drugiego, chyba że na pewien czas, za obopólną zgodą, by oddać się modlitwie; potem znów wróćcie do siebie, aby – wskutek niewstrzemięźliwości waszej – nie kusił was szatan". Potem, w średniowieczu, zrobiło się jeszcze gorzej. Nawet małżonkom zalecano znaczne obostrzenia w kwestii współżycia: żeby nie począć potworów czy dzieci cherlawych, należało unikać seksu w dni poprzedzające niedziele i święta, w same święta, w środy i piątki, i po czterdzieści dni przed Wielkanocą, Bożym Narodzeniem i świętem Podwyższenia Krzyża. Czasu na normalne, nieobciążone grzechem pożycie nie zostawało więc wiele. Nawet nowożeńcy powinni byli unikać współżycia przez trzy dni po ślubie.

Krótko mówiąc, najlepiej, by wszyscy żyli w celibacie.

Św. Paweł chwalił celibat, pod warunkiem że ktoś miał dość silnej woli: „Pragnąłbym, aby wszyscy byli jak i ja, lecz każdy otrzymuje własny dar od Boga: jeden taki, a drugi taki. Tym zaś, którzy nie wstąpili w związki małżeńskie, oraz tym, którzy już owdowieli, mówię: dobrze będzie, jeśli pozostaną jak i ja. Lecz jeśli nie potrafiliby zapanować nad sobą, niech wstępują w związki małżeńskie! Lepiej jest bowiem żyć w małżeństwie, niż płonąć". I jeszcze: „Tak więc dobrze czyni, kto poślubia swoją dziewicę, a jeszcze lepiej ten, kto jej nie poślubia".

Chyba niewielu było religijnych przywódców tak zaangażowanych w sprawę dziewictwa?

W innych religiach to były wyjątki. Mahomet był żonaty, i to wielokrotnie, i są zapisane jego wypowiedzi na temat seksu. Mówił np. „Bóg stworzył świat ku radości wiernych, ale tym, co jest na nim najradośniejsze, jest uczciwa kobieta", a gdzie indziej: „Traktujcie wasze kobiety dobrze i bądźcie dla nich uprzejmymi, ponieważ one są waszymi współtowarzyszkami i powierzonymi pomocnikami. Pamiętajcie, że wzięliście je jako wasze żony i używaliście ich ciała tylko dzięki zaufaniu Boga i za Jego zezwoleniem". To jak na ówczesne czasy i obyczaje było bardzo postępowe przesłanie.

Kamasutra zaś powstała w hinduizmie, w którym bóstw jest tysiące, mamy całą mitologię religijną, w której bardzo dużo się dzieje w sferze seksu. Kryszna, ósme i najbardziej znane wcielenie boga Wisznu, miał mieć 16 tys. żon. Jego rozmowy z towarzyszkami ziemskiego bytowania – gopi – spisane są słowami pełnymi erotyzmu: „Zostałyśmy zauroczone jedynie Twoim spojrzeniem, więc proszę, przyjdź i spójrz na nas (...). Dotknięte Twoimi lotosowymi stopami rozwinęłyśmy w sobie wielką żądzę (...). Teraz prosimy Cię, abyś łaskawie postawił Swoje stopy na naszych piersiach, aby zaspokoić nasze lubieżne pragnienie dotykania Ciebie (...). Wibracje Twojego fletu zauroczyły świat cały i nasze serca również. Dlatego powróć łaskawie i całuj nas Swoimi ustami pełnymi nektaru". [„Źródło wiecznej przyjemności", 1982]

Jednocześnie jednak warto wiedzieć, że również w hinduizmie rozkosz seksualna jest co prawda dobrem, ale nie może zapanować nad człowiekiem, bo to go oddala od rozwoju duchowego. Jeżeli zaczynają nami kierować pożądanie, zmysły, cofamy się na drodze do mokszy, która jest celem kolejnych inkarnacji.

Istnieją jednak rozmaite nurty hinduizmu i np. w siaktyzmie erotyzm jest stawiany na piedestale. Służą temu rozmaite rytuały, np. nocne obrzędy, w których oddaje się cześć żeńskim narządom płciowym.

Jakie jeszcze religie sprzyjają ludzkiej seksualności?

Pozytywnie nastawiony do rozkoszy zmysłowych jest niewątpliwie taoizm. Jego naczelną zasadą jest nieustanne poszukiwanie równowagi między dwoma energiami świata: yin i yang, kobiecą i męską. Współżycie seksualne wedle taoistów wzmacnia ludzką żywotność, daje zdrowie i energię. Ważne jest też, by kobieta przeżyła orgazm. Miao Sing w „Wyznaniach chińskiej kurtyzany" opisuje, jak w praktyce wygląda to wzajemne napędzanie się dwóch energii: „Mądry mężczyzna (...) skupia się przede wszystkim na produkowaniu najcenniejszego ekstraktu – mieszanki yang i yin – ponieważ jest to jedyny pewny sposób utrzymywania witalności. W tym celu musi dążyć do jak najczęstszych stosunków miłosnych z możliwie największą liczbą kobiet, jeśli jest to osiągalne, powinien zbliżać się do kobiety (...) nawet i dziesięć razy w ciągu nocy, wchłaniać ich trzy ekstrakty yin, lecz być niezwykle powściągliwym w wydzielaniu własnego ekstraktu – yang. Trzy ekstrakty yin to: bezbarwny płyn zawarty w ślinie, niewidzialny wapor wysysany z sutek oraz sekrecja Jaspisowej Bramy. Mądry mężczyzna bierze to wszystko od kobiet i łączy z własnym witalnym płynem, który powstrzymuje w momencie wezbrania, powodując jego powrót do organizmu, do nerek i mózgu".

Domyślam się, że w takiej kulturze jest też pełno rad dotyczących fikuśnych pozycji w łóżku?

Tak, to niemal osobna gałąź nauki. Są pozycje jedwabnika zwijającego kokon, kochających się jaskółek, połączonych zimorodków, kozy spoglądającej na drzewo, jesiennego psa, kota i myszy w jednej norze, małpy śpiewającej na drzewie... Nie żartuję. Jednak największe docenienie cielesności i seksu znaleźć można w tantryzmie. W tej religii ciało jest czyste, wręcz święte, bo służy wyzwalaniu energii duchowej i należy je wykorzystywać do rozwoju mistycznego. Stąd też współżycie seksualne ma wymiar sakralny – powtarza kosmiczny akt pary boskiej. W pismach tantrycznych zaleca się wręcz przygotowanie do współżycia jak do jakiegoś nabożeństwa: „Kobieta podlega uprzednio przekształceniu, staje się miejscem poświęconym, gdzie odbywa się ofiara, łono jest ołtarzem, włosy są murawą, skóra to prasa dla somy, ogień środkowy to srom (...). Poczęcie dokonuje się w imię bogów: niechaj Wisznu przygotuje macicę, niechaj Twasztar ukształtuje postaci, niechaj Pradżapati wprowadzi, a Dhatar złoży w tobie zarodek (...)". Również pozycje seksualne w tantryzmie nie są przypadkowe, lecz mają pobudzać energię, wspomagać totalny, mistyczny orgazm. Ale wiele z tych pozycji jest nieosiągalnych bez długotrwałych ćwiczeń, nauki panowania nad mięśniami, których istnienia przeciętny Polak pewnie nawet się nie domyśla.

A co z buddyzmem?

Buddyzm sprzyja damsko-męskim relacjom, bo jego naczelną zasadą jest niesprawianie cierpienia innym. Natomiast nie ma tu już takiego uwznioślenia seksualności. Co prawda Budda mocno używał życia, ale w końcu zdecydował się na ascezę. Ananda pytał więc Buddę: „Jak należy zachowywać się w obecności kobiety? Musisz unikać patrzenia na nią, Anando. A gdy już spojrzałem, Panie, co wtedy robić? Nie odzywać się do niej, Anando. A gdy przypadkiem się odezwiemy, Panie? Wtedy, Anando, strzeż się".

Jednak jest to raczej rezerwa, dystans względem kobiet i seksualności, a nie niechęć. W krajach buddyjskich nie ma śladu takiego rygoryzmu seksualnego, jaki znamy z chrześcijaństwa. Istnieje też nurt buddyjskiego tantryzmu, w którym seksualność jest wyniesiona na piedestał. Widać w nim jednak wyraźne wpływy hinduizmu. W dziele „Życie i przygody szalonego tybetańskiego jogina, pana istot, mistrza prawdy, lamy Drukpy Kunleya" jest np. fragment:

„Łóżko jest warsztatem seksu. Powinno być szerokie i wygodne. Kolano jest posłańcem seksu. Powinno być uniesione w górę i wysunięte w przód. Ramię jest uchwytem seksu. Powinno przytulać ją ciasno. Pochwa jest żarłokiem seksu. Powinna być nieustannie zaspokajana. To jest nauka o Konieczności".

W islamie już nie jest tak wesoło?

Islam jest bardzo zróżnicowany. Można w nim usłyszeć, że seks małżeński jest „przedsmakiem raju". Ale też z Koranem jest tak jak ze wszystkimi świętymi księgami: każdy wyczyta z nich to, co chce.

Wyznawcy chrześcijaństwa w Biblii znajdą i potępienie kobiety, i jej uwznioślenie; argumenty za monogamią i za poligamią. Tak samo wyznawcy islamu mogą w Koranie znaleźć piękne teksty poświęcone kobietom i seksowi, ale mogą też powoływać się na teksty stawiające mężczyznę wyżej, a kobietę w roli istoty podporządkowanej. Z jednej strony jest napisane: „On stworzył dla was żony z was samych, abyście mogli odpocząć przy nich; i ustanowił między wami miłość i miłosierdzie". A z drugiej: „Mężczyźni stoją nad kobietami ze względu na to, że Bóg dał wyższość jednym nad drugimi".

Z powodu rozmaitości interpretacji decydująca w sprawach seksu okazuje się nie sama religia, ale religia nałożona na kulturę i obyczajowość lokalną. Inny jest katolicyzm na Malcie, niezwykle tradycyjny, konserwatywny, a inny w Hiszpanii czy we Włoszech. Liczy się przecież także wpływ duchownych. Każdy, kto czasem się spowiada, wie, że w tej samej parafii może trafić na duchownego, który za masturbację straszy ogniem piekielnym, podczas gdy obok w konfesjonale spowiada inny ksiądz, którego to w ogóle nie interesuje.

W Starym Testamencie sporo się dzieje w sprawach seksu, ale Kościół czyta jedynie te „przyzwoite" fragmenty.

Stary Testament był w ogóle zakazany dla wiernych przez wiele stuleci, Biblia była cenzurowana przez Kościół jeszcze do niedawna, do XX wieku. I dlatego taką rewolucją był protestantyzm, Biblia Lutra i wynalazek Gutenberga, który luteranom pozwolił czytać sobie Biblię w domach na co dzień. A kto czytał, ten dochodził do własnych wniosków. Przecież np. w Starym Testamencie jedynie Jeremiasz wybrał drogę celibatu, a i to nie jako ideał życia, lecz konieczność. Jego celibat stał się symbolem nieszczęścia, zła.

Kościół katolicki cenzurował Biblię, żeby nie gorszyć maluczkich opisami rozwiązłości, poligamii, onanizmu itp. Słynną „Pieśń nad pieśniami" przez wieki kazał traktować nie jako księgę erotyczną, lecz alegoryczny obraz miłości Boga do Kościoła, i tym podobne. Obrazy piekielne dotyczyły głównie szóstego przykazania. W Europie ponad 200 lat trwała zmasowana wojna z masturbacją, odkąd w połowie XVIII wieku bestsellerem w Europie stała się książka o zagrożeniach płynących z onanizmu.

Wciąż nie rozumiem, co sprawiło, że tę wojnę prowadzono w Europie, w kulturze śródziemnomorskiej, a w dalekiej Azji cieszono się seksem.

Przyczyn radykalizmu Kościoła było mnóstwo. Nasiliło się to w XVIII wieku wraz z rosnącą rolą drobnomieszczaństwa, pojawieniem się obyczajowości wiktoriańskiej itp. Od masturbacji począwszy, dzieci nie można było edukować seksualnie, dzieciom się mówiło o kapuście i bocianach. Doprowadzało to do schizofrenii w sprawach seksu. Trudno, żeby tak wychowani ludzie mieli udane życie seksualne. Statystyki wskazują, że na początku XX wieku w Europie większość kobiet nie przeżywała orgazmu. A teraz mało która nie przeżywa.

W innych wyznaniach ten kobiecy orgazm był punktem honoru mężczyzny?

Oczywiście. Kobieta ma prawo do przyjemności w wielu religiach Wschodu. Ale trudno o przeżycie orgazmu kobiecie z krajów północnej czy środkowej Afryki, gdzie w imię religii wycina się dziewczynkom łechtaczkę. Akurat w tych regionach ten potworny zwyczaj jest wspierany przez islam. W tak pojmowanym islamie dobrze ma być mężczyźnie, kobiecie niekoniecznie.

Wracając do katolicyzmu: to jakie jest dziś oficjalne stanowisko Kościoła na temat masturbacji? Należy się piekło?

To się bardzo zmieniło. Kiedyś była jednoznacznie potępiana jako ciężki grzech, a teraz Kościół mówi, że nie powinno być masturbacji, ale już rozróżnia taką, która służy szukaniu przyjemności, od takiej, która jest objawem np. nerwicy natręctw czy masturbacji neurotycznej.

Czyli z punktu widzenia seksuologa Kościół idzie w dobrą stronę?

Tylko w teorii. W praktyce mam niestety wrażenie, że kiedy Kościół w Polsce był trochę prześladowany, troszkę bardziej dbał o wiernych niż dziś. Był bardziej otwarty na człowieka. Zależało mu na tym, żeby przyciągnąć intelektualistów, wiernych, pokazywał bardziej ludzką twarz. Wtedy liczyło się np. środowisko „Tygodnika Powszechnego". Niestety kiedy Kościół stał się triumfujący i roszczeniowy, kiedy cała elita polityczna, bez względu na opcję mu się podlizuje, kiedy odchodzą postępowi księża, pałeczkę w Polsce przejął nurt ojca Rydzyka. To on jest dziś twarzą Kościoła. A nie jest to twarz zbyt przychylna wobec ludzkiej seksualności.

Dlatego uważam, że choć jest pewien postęp w doktrynie Watykanu, w dokumentach papieży, to Kościół instytucjonalny w Polsce idzie w złą stronę. Kiedyś ton środowisku katolickiemu nadawały Kluby Inteligencji Katolickiej, o których teraz się w ogóle nie słyszy. Słyszy się za to Frondę, Opus Dei, Ruch Piusa X.

Czy pan jako seksuolog może pomóc komuś, kto ma problem z łączeniem rzeczywistości sacrum i profanum? Czy właściwszym adresem do roztrząsania kwestii, czy Bóg się pogniewa, czy nie, nie jest duchowny?

Staram się pomagać, bo Biblię znam dość dobrze, naukę Kościoła też, napisałem książkę „Seks w religiach świata". Rozmawiam więc z takim pacjentem i tłumaczę mu, że Bóg jest miłością, a nie wrogością. Są osoby, które wciąż o tym nie wiedzą.

Rozdział VII.
MACIERZYŃSTWO,
czyli co dziecko daje kobiecie, a co zabiera

Rozdział VII.

Błędy polskich matek / dlaczego jestem za in vitro / aborcja i hipokryzja / ciąża jak grom z jasnego nieba / radość macierzyństwa... / ...i męka pierwszych miesięcy / matczyne poczucie winy / klaps – tak czy nie? / świadome rodzicielstwo / instynkt macierzyński nie istnieje / mama za synkiem, tata za córeczką / zespół modliszki

Jakie znaczenie dla związku może mieć fakt, że chcą, ale nie mogą mieć dzieci?

Co innego, gdy para w punkcie startu jest świadoma, że nie może mieć dzieci, np. dlatego że jeden z partnerów jest po zmianie płci albo któryś jest trwale niepłodny. Decydując się na ten związek, nie mogą być potem rozczarowani brakiem potomstwa.

Dramatycznie jest wtedy, gdy nastawiają się na dziecko, podejmują kolejne próby, zaczynają się leczyć, aż wreszcie spada na nich świadomość, że nic z tego nie będzie. To jest bardzo trudna próba dla związku. Niektórzy godzą się na potomstwo partnera z wykorzystaniem np. nasienia obcego dawcy. Inni decydują się na adopcję. Ale są tacy, dla których ważne jest to, by dziecko było biologicznie ich. Mimo wszystko jednak nie jest wcale często spotykane, by związki się z tego powodu rozpadały. Ewenementem jest sytuacja, kiedy mężczyzna rezygnuje z kobiety, dlatego że nie może mieć z nią potomstwa. W udanych związkach jego brak nie jest często spotykaną przyczyną rozstań. Oni oczywiście to przeżywają, ale jeśli łączy ich prawdziwa więź, to częściej wspólne nieszczęście jeszcze ich do siebie zbliża.

Czym dla pana jest in vitro? Receptą na szczęście?

Ja w tej dyskusji mogę powiedzieć jedno: bardzo mnie niepokoi, że zapominamy o podstawowej nauce Kościoła i papieża Jana Pawła II o tym, że każdy człowiek nosi w sobie głos sumienia, którego powinien słuchać. Jeżeli biskupi narzucają mi, co powinienem słyszeć, traktuję to jako gwałt na moim sumieniu i czuję się traktowany jako katolik niedojrzały – bo dojrzali okazują się tylko hierarchowie. Przerabialiśmy już ten schemat w okresie PRL-u, kiedy to partia była dojrzała i wiedziała, co jest dla obywatela najlepsze. Niepokoi mnie powrót do takiego sposobu myślenia w kwestii in vitro.

Jeślibym we własnym życiu miał podjąć decyzję co do zapłodnienia pozaustrojowego, jako osoba wierząca zdałbym się na własne sumienie.

I jaka byłaby to decyzja?

W związku, który bardzo potrzebuje rodzicielstwa, i jest to dla nich jedyna dostępna metoda spełnienia tego pragnienia, uważam, że in vitro jest absolutnie do zaakceptowania. I nie do końca rozumiem w tym kontekście rozczulania się nad zamrożonymi embrionami, bo wiem, że 60 proc. poczętej ludzkości ginie w sposób naturalny w poronieniach samoistnych. Czy to znaczy, że mamy do czynienia z holocaustem? A jeśli tak, co z tym zrobimy?

Namawiam do większej pokory wobec skomplikowanych emocji ludzi w jakiś sposób pokrzywdzonych przez naturę.

Skoro o poronieniach: czy widzi pan u siebie w gabinecie dramaty spowodowane ustawą antyaborcyjną?

Nie no, bez przesady, jakie dramaty? Kobiety w dużym mieście – a takie znam najlepiej – świetnie sobie radzą z problemem, jakim może być niechciana ciąża. I nie ma znaczenia to, co jest w tej ustawie napisane. Dziś w Warszawie panie nie mają najmniejszego problemu z usunięciem ciąży. Domyślam się, że to musi być problem dla prowincji, dla kobiet biednych, których nie stać na zabieg.

Należałoby tę ustawę zliberalizować?

Moja opinia nie ma znaczenia, bo i tak nie da się jej zliberalizować. Kto miałby to zrobić? SLD? Nie wierzę, mieli już okazję i z niej nie skorzystali, tylko poszli na kompromis z Kościołem.

Są tacy, którzy chcieliby tę sprawę załatwić w drodze referendum, ale nawet gdyby do tego doszło, mielibyśmy wojnę dużo ostrzejszą niż dziś o in vitro. Starsi ludzie wciąż się boją, żeby przypadkiem nie spocząć w niepoświęconej ziemi. Księża naprawdę nadal mają tu wiele to powiedzenia.

Na razie żyjemy w hipokryzji, i to świadomej. I wszyscy uważają, że lepiej jej nie dotykać. Znam działaczy zbliżonych do ruchu pro-life, którzy w prywatnej rozmowie potrafią przyznać: tak, wiem, że kobiety i tak dokonują aborcji; ale przynajmniej mają poczucie winy.

A rządzący mają czyste ręce i sumienia.

No tak. Złagodzenie ustawy uwolniłoby kobiety od poczucia winy. A komu to jest potrzebne?

Co kobiecie daje macierzyństwo, a co jej zabiera? Jak bardzo w ogóle ją zmienia?

Zdarzają się skrajnie różne historie. Znam wiele kobiet – znajomych i pacjentek – które przez lata nie wyobrażały sobie posiadania dziecka, taką ewentualność traktowały niemalże jak apokalipsę w swoim życiu. Ale w końcu decydowały się na dziecko z rozsądku: bo zbliżały się do tej granicy wiekowej, za którą macierzyństwo staje pod coraz większym znakiem zapytania. Czuły, że to ostatnia chwila na decyzję. I decydowały na „tak", zachodziły w ciążę, po czym kompletnie wariowały na punkcie potomka. Ruszały do pracy hormony przywiązania, dotychczasowe zainteresowania i przekonania odchodziły w niepamięć, a na pierwszy plan wchodziły kupki i czkawki.

Często jest też tak, że kobieta od zawsze jest nastawiona na macierzyństwo. W dzieciństwie bawi się lalkami, potem niańczy dzieci starszych kuzynek, by wreszcie w pierwszym dogodnym terminie sama urodzić. Ich wizja życia jest czytelna: macierzyństwo musi być, i na ogół, zaznajomione od maleńkości z problemem nie przechodzą po porodzie specjalnej rewolucji: wiedzą, czym dziecko jest, i absolutnie akceptują siebie w nowej roli.

Najtrudniej jest wtedy, gdy ciąża spada jak grom z jasnego nieba. Oczywiście wtedy bywa prawdziwym nieszczęściem: gdy kobieta miała zawodowe aspiracje, nie ma wsparcia ze strony ojca dziecka ani ze strony rodziny. Musi przestawić zwrotnicę swego życia o 180 stopni, a karierę odłożyć na bliżej nieokreśloną przyszłość. Przychodzą do lekarza i używają określenia „stałam się niewolnicą". Wszystko muszą podporządkować dziecku i nie potrafią się z tym pogodzić.

Często spotyka pan pacjentki, dla których miesiące albo lata spędzone z małym dzieckiem w domu są pasmem cierpień?

To nie jest rzadkie. Taki głęboki dyskomfort oddziałuje też na inne obszary. Do mnie przychodzą pary, którym np. z tego powodu kompletnie siadł seks. Między partnerami narastają konflikty, bo oczywiście uwięziona przy dziecku kobieta zawsze będzie uważać, że mężczyzna za mało pomaga. A on, owszem, nie wstaje w nocy, ale dlatego, żeby rano iść do pracy. Wraca skonany wieczorem i ma pretensje, że jeszcze po pracy oczekuje się od niego zajmowania dzieckiem. To zupełnie typowe zadrażnienia w parach, w których pojawiło się potomstwo. A przy takiej atmosferze trudno o udany seks, którego brak oczywiście jeszcze wzmaga rozdrażnienie.

No i trafiają do mnie, a ona mówi, że zaraz w tym domu oszaleje. U niektórych kobiet pojawiają się objawy chorobowe, np. natrętne myśli, że zrobi dziecku krzywdę, że tylko – ciach! – nożem, a jaka ulga. To bywa prawdziwy koszmar.

Jak wspominam własne ciężkie chwile, to mam wrażenie, że trwały najwyżej kilka miesięcy. Potem dziecko robi się naprawdę słodkie i coraz słodsze. To nie osładza tym udręczonym matkom życia?

Różnie z tą słodkością bywa. Są dzieci, które przez rok bez przerwy mają kolki i wyją, są matki, które przez rok nie przespały więcej niż dwóch godzin.

W takim stanie kobieta rzeczywiście chce udusić... Przychodzi z tym do pana i co pan może jej doradzić?

Tu są dość proste rady: wspólnie szukamy możliwości uelastycznienia jej życia. Szukamy szans na pomoc z zewnątrz: może powinna nauczyć się prosić o pomoc teściową, a może sąsiadka ma dzieci w podobnym wieku i mogą się wymieniać opieką. W takich sytuacjach ratunkiem bywają dwa dni ulgi, kiedy mąż wziął urlop z pracy, a kobieta może się oderwać na chwilę, odpocząć. Jeden poranek w tygodniu, żeby mogła się wyspać – to już jest coś.

A nie istnieją psychoterapeutyczne metody, żeby ona pokochała swoje dziecko i macierzyństwo?

Jeżeli dziecko podrośnie i kobieta może je oddać komuś pod opiekę na dwie godziny, żeby przyjść na psychoterapię, to mogę zmieniać jej nastawienie do macierzyństwa. Ale przy maleńkim dziecku, kiedy ratunkiem będzie wolny kwadrans na wzięcie prysznica – cóż mogę pomóc? W takich sytuacjach potrzebne są najprostsze rozwiązania, ustalenie zasad pomocy, współpracy, podzielenia obowiązków przynajmniej w niewielkim stopniu, żeby ta kobieta nie była cały czas ze wszystkim sama.

Poza wszystkim psychoterapia niestety nie może wywołać miłości do dziecka. Ona może co najwyżej pomóc w pełnieniu roli matki tak, żeby kobieta sama dostrzegła w niej więcej plusów niż minusów, żeby umiała np. pogodzić się z tym, że pewnych rzeczy na razie nie zrobi, ale może je zrobić później. Tutaj wielką rolę odgrywają nie tylko obiektywne okoliczności, ale towarzyszące im emocje, nierzadko podgrzewane przez bliskich.

W jaki sposób?

Na przykład w taki, że kiedy tylko pojawi się dziecko, cała rodzina ma wobec matki jedno oczekiwanie: że będzie dobrą matką, czyli taką, jaką była mama, teściowa, ciocie i babcie. Wszystkie te panie ze starszego pokolenia służą dobrymi radami w stylu „my też byłyśmy matkami, też się poświęcałyśmy", i wszystko oczywiście wiedzą lepiej. A młoda kobieta – krew ją zalewa albo też wbija się w poczucie winy. To wcale nierzadkie, kiedy przychodzi do mnie pani wyłącznie z takim problemem, iż czuje się winna, że nie jest dobrą matką. Tych pacjentek jest nawet więcej niż tych, które z dzieckiem cierpią czy nie mogą się pogodzić.

O co chodzi z tym poczuciem winy, co te matki dręczy?

Że poświęca dziecku za mało czasu, że na nie krzyczy, że jest nerwowa, niecierpliwa, że wróciła do pracy, że oddała dziecko do żłobka.

I na ogół mają rację z tym poczuciem winy?

Na ogół nie. Zdarzają się oczywiście matki, które swój kontakt z dzieckiem zminimalizowały: oddają nianiom, babciom, ciociom, byle nie zajmować się nim same. Jednak częściej poczucie winy bierze się z olbrzymiej presji – w rodzinie i społeczeństwie – na rolę dobrej matki.

Dla mężczyzn ma znaczenie, że kobieta nie wypełnia roli matki, jak należy?

To tylko w skrajnych przypadkach, kiedy kobieta rzeczywiście lekceważy potrzeby dziecka. We w miarę normalnych relacjach przyczyną zadrażnień są raczej rozbieżne metody wychowawcze: że on czegoś zabronił, a ona za chwilę pozwoliła. Albo na odwrót. Dziecko oczywiście dość szybko orientuje się, jak wygrywać dla siebie te rozbieżności. A rodzice zaczynają warczeć na siebie: „Rozpuszczasz je, nie masz za grosz konsekwencji". Dla mężczyzn to szczególnie bolesne, bo nieraz odbierają takie dyskusje jako podważanie ich męskiego autorytetu: oni powiedzieli tak, a mama pozwala, żeby było inaczej. Oboje wychowywali się w różnych domach, więc jest oczywiste, że myślą o wychowaniu inaczej. Jedni uważają, że nie ma niczego złego w klapsie, jeśli dzieciak zasłużył, dla innych podniesienie ręki na bezbronne dziecko jest zbrodnią.

A dla pana?

Uważam, że bezstresowe wychowanie zaszkodziło dzieciom jak mało co, i szczęśliwie cywilizowany świat rakiem się z tych idei wycofuje. Natomiast żeby było jasne: mam czworo dzieci i żadnego nigdy nie uderzyłem – bo nie było takiej potrzeby. Uderzenie niczego nie daje, to jest bezsensowna kara. Pozwala co najwyżej rozładować dorosłemu emocje. Ale to, że dzieci nie biłem, nie oznacza, że nie były karane. I być może nawet dotkliwiej, niż gdyby dostały klapsa – bo np. był zakaz oglądania telewizji przez tydzień.

Dużo się mówi o rozpadzie wielopokoleniowych rodzin, urywaniu się tradycji. Po porodzie rzadko towarzyszą kobiecie mądre ciotki, które służyłyby pomocą. Czy pana zdaniem jesteśmy dziś gorzej przygotowane do macierzyństwa?

Moim zdaniem lepiej, a na pewno bardziej racjonalnie. Macierzyństwo coraz częściej jest przemyślaną decyzją, którą podejmuje się po osiągnięciu jakiegoś statusu zawodowego, życiowego, i często z dokładnym zaplanowaniem momentu: żeby nie przekroczyć bariery 35 lat. To dotyczy zwłaszcza pierwszego dziecka. Drugie, trzecie – to trochę co innego. Te mogą być już wpadką, np. wcale nierzadką tzw. wpadką laktacyjną, kiedy kobieta uważa, że gdy karmi piersią, nie może zajść w ciążę itp. Natomiast decyzje o pierwszym dziecku są dziś coraz bardziej racjonalne.

Kobiety też inaczej się do macierzyństwa przygotowują: kiedy już podejmą decyzję o dziecku, sięgają po specjalistyczne książki, periodyki skierowane do przyszłych mam, wertują Internet; chcą wiedzieć wszystko.

Pana zdaniem taka pełna racjonalizacja macierzyństwa dobrze robi mamom i dzieciom?

Dobrze, widać tego efekty. Badania pokazują, że niemowlęta i małe dzieci coraz wcześniej osiągają etapy rozwoju – raczkują, siadają, mówią.

Ja pamiętam jeszcze całkiem inne podejście do niemowlaka – niemal jak do warzywa. Leży, popłakuje, niczego nie rozumie. Żeby nie płakało, kołysało się je albo dawało mak w chusteczce do ssania – żeby spało. Matkom nie przychodziło do głowy, że jest coś więcej do robienia w wychowaniu dziecka, do czasu aż nie zacznie mówić.

Dziś są specjalne książeczki do stymulowania wzroku noworodków, są zabawki rozwijające umiejętności w każdym wieku, a matki wiedzą, że do dzieci trzeba zacząć mówić, najlepiej gdy jeszcze siedzą w brzuchu. I to działa, rozwój dzieci rzeczywiście przyspieszył.

Czy macierzyństwo daje kobiecie siłę, czy odbiera?

Biologia tak wymyśliła, że ciąża, poród, pierwsze tygodnie po porodzie wyzwalają w kobietach niezwykłą wytrzymałość psychiczną. Często one same przyznają, że macierzyństwo przekonało je, że są mocniejsze, niż przypuszczały. Są zdane na siebie i wiedzą o tym. Mężczyzna przy porodzie jest potrzebny mało, a przy małym dziecku często nie ma go wcale. Bezsenne noce to domena kobiet. Gorączki, biegunki, wysypki też. Mężczyźni bardzo rzadko potrafią stanąć na wysokości zadania i zdjąć z partnerki poczucie wyłącznej odpowiedzialności. Ta świadomość je hartuje.

A czy pan jako naukowiec wierzy w istnienie instynktu macierzyńskiego?

Instynkt istnieje, oczywiście. On się jednak uruchamia w różnych momentach. Są kobiety, które mają go od zawsze, zawsze niańczyły lale, młodszych kuzynów, i posiadanie dziecka jest ich wielkim pragnieniem. Są takie, u których instynkt zaczyna działać w ciąży, gdy poczują ruchy dziecka. A u innych uruchamia się on, dopiero kiedy ich dziecko wyląduje po porodzie na brzuchu. Zdarza się nieraz, że kobieta absolutnie nie czuje tego instynktu, chodzi w ciąży, ale deklaruje, że dziecka nie chce, że zostawi je w szpitalu, albo jeszcze nie daj Boże obiecała je oddać bezdzietnej parze. Ale po porodzie jest cyk!, włącza się instynkt i o oddaniu dziecka nie ma mowy. Każdy położnik opowie pani o takich przypadkach.

Ze względu na te różnice pytałam właśnie o naukowe podejście do instynktu. Bo nie istnieją ludzie, którzy nie mają instynktu zaspokajania głodu. A kobiety, które w ogóle nie czują powołania do macierzyństwa, nie są rzadkością. Dlaczego tak się dzieje?

Bardzo rzadko się zdarza, żeby ten instynkt nie zadziałał na żadnym etapie, łącznie z chwilami po porodzie. Zdarza się czasem, że niektóre kobiety nie mają potrzeby posiadania dziecka, nie rodzą go do końca życia i instynkt nigdy u nich się nie włączył. Ale na ogół jest tak, że może nie od razu, ale w pewnym momencie u większości kobiet on jednak rusza. Dlatego ja bym zaryzykował stwierdzenie, że generalnie kobiety ten instynkt mają, tyle że o różnym nasileniu i w różnym okresie on się ujawnia.

Kobieta zresztą potrafi sama w sobie stłumić instynkt – bo np. ma złe doświadczenia z domu, miała fatalne dzieciństwo i uważa, że nie ma sensu sprowadzać na świat dziecka. Wdrukowuje sobie przekonanie „lepiej nie mieć dzieci" i może w to uwierzyć. Ale jeśli trafi na partnera, przy którym poczuje, że „to ten", może zmienić zdanie, urodzić dziecko i być świetną matką.

Wyobrażam sobie jednak kobietę, która ma poukładane życie, zaspokojoną potrzebę miłości, kariery, bezpieczeństwa, a jednak wciąż nie znajduje satysfakcji. Chce mieć dziecko i ono się pojawia, a satysfakcja wcale nie. Czy pan może nauczyć kobietę cieszyć się życiem?

W takiej sytuacji raczej będę razem z nią szukał tego, czego wciąż jej w tym życiu brakuje. Być może jest to coś, czego sobie nie uświadamia.

Chciała skończyć studia – skończyła, chciała pracować – pracuje, chciała mieć rodzinę – ma. I wciąż jest niezadowolona. Może problem tkwi w tym, że nie umie odczuwać spełnienia?

Ja raczej będę uważać, że wciąż nie znalazła tego, czego szukała. Chciała skończyć studia – ale dlaczego? Bo wszyscy w rodzinie studiowali, czy rzeczywiście marzyła o marketingu, zarządzaniu, finansach? A może w istocie pozostaje niespełnioną artystką, która z biegiem lat żegnała się ze swoimi marzeniami? A może marzyła o związku z całkiem innym mężczyzną niż ten, którego ma? A może dziecko było raczej jej ambicją, bo wszystkie koleżanki dookoła już są matkami, a ona nie? Urodziła, ale wcale nie znalazła w tym szczęścia, i trudno się dziwić, jeśli to nie było jej prawdziwe pragnienie, nie na tym etapie życia. Jeśli przychodzi do mnie kobieta nieszczęśliwa, której pozornie niczego do szczęścia nie brakuje, wówczas staram się w rozmowie doprowadzić ją do refleksji, czego tak naprawdę od życia oczekuje i czy może to osiągnąć.

A jak często spotyka pan mężczyznę z rozbudzonym instynktem ojcowskim, zdeterminowanego, by posiadać dzieci?

To jest rzadkie, żeby mężczyzna tak bardzo pragnął ojcostwa. Przeważnie u mężczyzn pragnienie pojawia się, dopiero gdy partnerka zachodzi w ciążę, albo po porodzie czy wręcz gdy dziecko powie „tata". W każdym razie ojcostwo na pewno nie jest instynktowne. Jest fenomenem, który kształtuje się stopniowo.

Jakie najczęstsze błędy popełniają polskie matki?

Częste jest zmuszanie córek do spełniania marzeń, których matkom spełnić się nie udało. Znałem np. taką, która wiedziała, że ma słuch idealny, ale rodziców nie było stać na jej kształcenie muzyczne. Więc zadręcza córkę grą na fortepianie. Takich przykładów widziałem sporo. Te córki oczywiście potem trafiają do terapeuty, bo nie potrafią sobie poradzić z nadmiarem oczekiwań rodziców względem nich.

Polskie matki lubią też uzależniać od siebie dzieci, niezależnie od płci. Pielęgnują psychologiczną, emocjonalną pępowinę i uniemożliwiają w ten sposób wydoroślenie. Są takie matki, które z zazdrości o uczucia dziecka będą je zniechęcać do każdej kolejnej partnerki lub partnera, tak żeby nie zbudowało trwałego związku. To jest przejaw zaborczej miłości, która często przejawia się w przekonaniu matki, że żadna kobieta nie jest dość dobra dla jej synka, żadna nie zaopiekuje się nim tak jak mama.

Czy kobiety, matki, potrafią już rozmawiać ze swoimi dziećmi o seksie, wprowadzać w seksualność swoje córki?

Takie, które świadomie podejmują się wychowania seksualnego swoich dzieci, należą wciąż do mniejszości. Większość ogranicza się do wytłumaczenia córce, co to jest miesiączka i jak sobie z nią radzić. Część jeszcze powie, że „mężczyźni chcą tylko jednego" i na tym wychowanie seksualne w większości domów się kończy.

Czy to rzeczywiście tak źle? Czy wiedza o seksie nie przychodzi w sposób naturalny innymi drogami niż poważne rozmowy z mamą?

Jestem zdania, że edukacja seksualna powinna się zaczynać w domu już w wieku przedszkolnym i trwać nieprzerwanie aż do dorosłości dziecka. Jeżeli rodzic ma w oczach dziecka autorytet, to taki sposób wychowania jest najkorzystniejszy: gotowość rodzica do rzetelnej i dostosowanej do wieku dziecka odpowiedzi na pytania, które pojawiają się już w wieku dwóch, trzech lat. Ale jeżeli rodzice się biją, wulgarnie do siebie zwracają, patrzeć na siebie nie mogą, nie mówiąc o przytulaniu i pocałunkach, wtedy nawet najrzetelniejsza wiedza z ich strony będzie kompletnie niewiarygodna. Wychodzę z założenia, że wychowanie nie powinno polegać jedynie na wypraniu ubrań, posłaniu łóżka i przygotowaniu kanapek do szkoły. Rodzice powinni z dziećmi rozmawiać: o koncercie, na którym byli razem, o filmie, który wspólnie obejrzeli, o mieście, które zwiedzili, i wreszcie o relacjach damsko-męskich też.

Jak mówić do dzieci, żeby chciały nam zadawać te najtrudniejsze pytania? Jak i kiedy zacząć rozmowę o miłości i seksie?

Na to mógłbym dać masę dobrych rad, ale nie da się ich zawrzeć w pigułce. Nie wiem, może kiedyś napiszę całą książkę o tym, jak mądrze rozmawiać z dziećmi o seksie. Ale w jednym pytaniu i odpowiedzi nie da się tego zawrzeć. Kto słucha swojego dziecka i chce je zrozumieć, powinien sobie poradzić.

Czy relacje matka – dziecko robią się zdrowsze, gdy pojawia się rodzeństwo?

Coś w tym jest, że jeśli jest więcej dzieci, relacje są zdrowsze, bo pojawia się dodatkowy czynnik: dziecięce sojusze. Dwójka czy trójka potrafi się zbuntować przeciwko takiej miłości. A jeśli matka wyraźnie faworyzuje jedno, to temu wyróżnionemu będzie głupio względem pozostałych, będzie hamować te matczyne zapędy. Większa liczba dzieci potrafi korygować niezdrowe macierzyństwo. Jedynak sobie z takim toksycznym uczuciem może nie poradzić, bo nie ma z kim nawiązać sojuszu.

Dużym błędem matek jest nadopiekuńczość, ale nie mam tu na myśli zwykłej matczynej troski – bo tu narosło już wiele mitów. Dziś mitem nadopiekuńczej matki chcemy tłumaczyć niemal każde niepowodzenia życiowe. Ja już zaczynam to tępić, bo nastąpiła inflacja pojęcia „nadopiekuńczej matki". W moim przekonaniu nadopiekuńczość, która może rzeczywiście szkodzić dziecku, to jest absolutne wyręczanie go we wszystkim. Dziecko nie ma żadnych obowiązków poza nauką; syn, już student, ma wszystko wysprzątane, wyprane, podane na talerzu – to już rzeczywiście przesada. W zdrowych relacjach dziecko musi mieć swoje obowiązki, i to nie tylko szkolne. Musi wiedzieć, skąd się biorą czyste rzeczy w szafie i kanapki na stole oraz gdzie znikają śmiecie z kosza.

Za straszny błąd rodziców uważam też, że są dziś coraz częściej bezkrytyczni wobec dzieci. Na to nieraz skarżą mi się znajomi nauczyciele – że cokolwiek złego uczyni pociecha, to na pewno nieprawda, zmowa nauczycieli, „bo pani się uwzięła" itp. Rodzice w każdej sytuacji stają dziś po stronie swoich dzieci, nawet gdy jest to jawnie niesprawiedliwe. Skutki wychowawcze są fatalne, dziecko rośnie w przekonaniu o braku odpowiedzialności, bo co by nie zbroiło, i tak mama obroni. Tak się niestety produkuje bandziorów.

Ale z drugiej strony błędem jest wychowanie zbyt restrykcyjne, łącznie z zabranianiem kontaktów z rówieśnikami „bo to nie jest towarzystwo dla ciebie". Dziecko musi mieć znajomych poza szkołą. Rodzice mogą mu ułatwić dobór pożądanego towarzystwa – ja z moimi znajomymi przez lata jeździliśmy na wczasy w 25 małżeństw z dziećmi i nasze dzieci do dziś mają ze sobą kontakt. Ale nie polecam modelu „to złe towarzystwo dla ciebie", bo taki zakazany owoc robi się tym bardziej kuszący. Ułatwiajmy spotkania w pożądanym gronie rówieśników, ale nie zakazujmy kontaktów z innymi grupami, nawet jeśli uznamy je za „gorsze". Społeczeństwo jest zróżnicowane i nic na to nie poradzimy. Lepiej żeby dziecko pod naszym okiem się do tego przygotowało.

A jak jest z miłością matczyną? Bo oczywiście uważa się, że mama zawsze kocha swoje dzieci po równo.

To w dużym stopniu mit. Jestem pełen wiary, że istnieją takie idealne matki, ale jednak najczęściej spotykanym modelem jest taki, że któreś dziecko jest jej bliższe, ale ona świadomie koryguje swoje zachowanie, by drugie tego nie odczuwało. I to jest sytuacja normalna i zdrowa. Są przecież różne dzieci – jedne są czułe i słodkie, inne nie znoszą przytulania i uwielbiają rozrabiać. Trudno uwierzyć, że oboje będą tak samo kochane, natomiast ważne jest, by tej różnicy uczuć nie okazywać. Dzieci trzeba traktować równo i sprawiedliwie, ale to niestety nie przychodzi samo, dlatego w macierzyństwie i ojcostwie trzeba być świadomym i uważnym.

A jeśli matka nie jest uważna i jedno dziecko czuje się odtrącone?

To niestety bywa przyczyną kłopotów na resztę życia. Typowym niestety przykładem jest sytuacja, gdy np. rodzi się dziewczynka, a po pięciu latach chłopiec. I kiedy syn nabroi, odpowiedzialna jest córka – bo nie dopilnowała. Na nią spada rola niańki, ona ma wyręczać brata, bo jest młodszy. Dziewczyna w każdej sytuacji jest winna, została ustawiona w roli pomocy do dziecka czy wręcz pomocy domowej. Znam dokładnie taki przypadek, dziś to rodzeństwo nie ma ze sobą dobrego kontaktu, córka jest zbuntowana wobec starej matki, którą opiekuje się jedynie z poczucia obowiązku. Sama zaś ma zupełnego kota na punkcie sprawiedliwości, jest w tej kwestii nadwrażliwa. Sprawiedliwość jest dla niej podstawowym kryterium oceny rzeczywistości. Bardzo silnie reaguje też na słowa krytyki wobec niej.

Ma już własne dzieci?

Ma i bardzo dobrze je wychowuje.

A jej brat?

Jak był rozpuszczony, tak pozostał. Używał życia, używał, wreszcie nadużył, wpadł w łapy kobiety, która oplotła go toksyczną relacją.

Ten przykład potwierdza takie ludowe przekonanie, że mama jest zawsze za synkiem. Tak jest rzeczywiście?

W dużym stopniu tak jest, często matki są silniej związane z synami, a ojcowie z córkami. Ale też przecież nieraz mężczyzna chce syna, bo widzi w nim kontynuację rodu, a matka optuje za córką, bo dziewczynka jest zawsze bliższa, bardziej pomocna, zawsze ciąży do rodzinnego domu. I to też się sprawdza: młode małżeństwa na ogół częściej odwiedzają rodziców kobiety niż mężczyzny.

Dziś jednak bezpieczniej jest uznać, że to są w jakimś stopniu przesądy. Osobowości męskie i kobiece tak się pomieszały i pokomplikowały, że nie jest też niczym nadzwyczajnym, jeśli dziewczyna pierwsza wylatuje z gniazda, a chłopak do końca życia wpada do rodziców na zupę.

Co ma zrobić matka, która przeszła już okres niemowlęctwa dziecka, skończyły się kolki, pieluchy, gorączki, wysypki, ona się wreszcie wyspała, a nadal nie umie pokochać dziecka?

Na to, że matka nie kocha dziecka, niczego nie poradzę. Mogę jej tylko powiedzieć, by starała się być dla niego dobra.

Czy takich matek jest dużo?

Jest ich sporo, więcej, niż można by przypuszczać, ale one się z tym oczywiście kryją. Przecież w naszej obyczajowości nie wolno się przyznać, że się nie kocha dziecka. Dopiero w gabinecie się przyznają. Na co dzień najczęściej zaprzeczają swoim uczuciom, udają, że kochają, potrafią świetnie odgrywać rolę kochających matek do tego stopnia, że same w to wierzą.

Czy miłość do dziecka może zastąpić, wyprzeć miłość partnerską ze związku?

Tak się zdarza, zwłaszcza jeśli kobieta nie jest zaspokojona w swojej potrzebie czułości w związku. Wówczas kontakt z dzieckiem może jej kompensować ten brak, a partner schodzi na dalszy plan.

Widział pan taki związek, w którym matka pokochała dziecko za bardzo i nie starczyło jej już uczuć dla partnera?

To jest opisany w nauce zespół modliszki: po porodzie partner przestaje być w ogóle istotny, dla kobiety mógłby już nie istnieć, ona wręcz prowokuje do rozwodu, nieraz znajdując przy tym poparcie własnej matki. Samiec zostaje zredukowany do roli trutnia, który zrobił swoje i powinien odejść. Bywa więc i tak, że związek po pojawieniu się dziecka rozpada się bardzo szybko, bo kobieta wszystkie potrzeby emocjonalne zaspokaja sobie w relacji z dzieckiem.

Generalnie jednak patrząc, pana zdaniem samo pojawienie się na świecie dziecka jest dla związków heteroseksualnych rzeczą pożądaną, czynnikiem rozwoju związku?

Dzieci dla związku pełnią kilka pozytywnych funkcji. Patrząc nieco metafizycznie, można powiedzieć, że unieśmiertelniają miłość swoich rodziców; rodzice odejdą, ale trwały owoc ich miłości pozostanie. To ładna perspektywa, trochę pogłębiająca sam fakt przekazywania genów następnym pokoleniom. Dzieci cementują też związek, zwłaszcza taki, któremu grozi nuda, rutyna. Powiedzmy sobie szczerze, że po okresie tańca godowego nie zawsze pary mają o czym ze sobą rozmawiać, nie wszyscy są barwnymi, twórczymi osobowościami. A dziecko daje nieustający temat do rozmów: że wstało, że zrobiło krok, uśmiechnęło się, dostało piątkę. To łączy ludzi, którzy mogliby już nie mieć sobie zbyt wiele do powiedzenia.

Oczywiście posiadanie potomstwa jest więziotwórcze również na tym bardziej banalnym poziomie: że ktoś może chciałby z tego domu wyfrunąć, zbudować na boku coś innego, ale nie robi tego ze względu na dziecko.

Po urodzinach potomstwa na ogół następuje krótkie wygaszenie namiętności między dwojgiem partnerów, ale po kilku miesiącach żar wraca czasem ze zdwojoną siłą. Wcale nierzadko kobiety wyglądają po porodzie atrakcyjniej, ich kobiecość zyskuje. Znam wiele takich, które odmłodniały, wyładniały. W ogóle jestem zdania, że ciąże – oby nie za liczne – służą kobietom.

Pojawia się wreszcie nowy poziom wzajemnej relacji, pozbawiony wcześniejszej drobiazgowości, czepialstwa, bo teraz jesteśmy w związku z ojcem/matką „mojego dziecka". Dla wielu ludzi jest to zmiana perspektywy. Nabierają większego dystansu, widzą szerzej ten związek przez to, że zmienił się w rodzinę. W moim przekonaniu dziecko najczęściej przedłuża żywot związku.

A jednak stereotypowo uważa się, że po porodzie w związku dzieje się gorzej. Kobieta się oddala, skupiona jest na dziecku, wiecznie zmęczona. Mężczyzna czuje się odstawiony na boczny tor.

W normalnych relacjach taki kryzys mija po kilku miesiącach. Rodzice są przygotowani na tę zmianę, jaka ich czeka. Ale też nie przesadzajmy: los obecnej młodej matki jest nieporównywalny z tym, co było jeszcze kilkadziesiąt lat temu. Wszystko stało się niewiarygodnie ułatwione: jednorazowe pieluchy, mleko w proszku w każdym osiedlowym sklepie, zupki w słoiczkach itp. W porównaniu z tym, jak musiały kombinować matki jeszcze 30 lat temu, żeby zdobyć ubranka, wózek, mleko w proszku, dziś jest to wszystko naprawdę znacznie prostsze.

Miauczenie na temat tego, jaką apokalipsą jest pojawienie się dziecka, wynika moim zdaniem z rozpieszczenia młodych pokoleń. One rosną już w cieplarnianych warunkach, kiedy każda atrakcja jest w zasięgu ich ręki, i niemożność pójścia do kina co tydzień czy egzotycznego wyjazdu co pół roku jest katastrofą.

A widział pan związek, który się rozpadł przez dziecko?

Widziałem. Mężczyzna odszedł, bo po prostu tego dziecka nie chciał. Konsekwentnie mówił „nie", a jednak ona zaszła w ciążę i on poczuł się oszukany.

Ale pamiętam też zupełnie głupi przypadek mężczyzny, który nie był przygotowany na to, że dziecko czasami krzyczy, płacze. Jemu to przeszkadzało, robił się agresywny i nie wytrzymał. Był przyzwyczajony do ciszy, spokoju, wyłączenia się. Żona chodziła w domu na paluszkach. Ale nie dało się zachować ciszy, kiedy pojawiło się dziecko. Więc odszedł.

Potrafiłby pan przedstawić krótkie vademecum dla mężczyzny: jak żyć z młodą matką i nie zwariować?

To krótki katalog: przyjmij do wiadomości, że dziecko się pojawi i wkalkuluj rewolucję w swoje plany. Jeszcze zanim zostaniesz ojcem, znajdź kogoś, kto ci w tym zadaniu pomoże – matkę, siostrę, ciotkę. Pomyśl o tym zawczasu i poproś o pomoc, kiedy będzie już potrzebna.

Wreszcie: to ty masz w tej rewolucji zachować spokój, a nie podsycać emocje. W relacjach z partnerką tonuj, a nie zadrażniaj. Trudny okres po prostu trzeba przetrzymać, on się kończy szybciej, niż nam się wydaje.

Rozdział VIII.
Mężczyzna,
czyli pokolenie dużych chłopców

Rozdział VIII.

Słabość polskich mężczyzn / samiec alfa – gatunek w zaniku / męski leń / wygoda z troskliwą żoną / konsekwencje beztroskiego wychowania synów / łóżkowy tumiwisizm / wstyd przed viagrą / ojcowie w zaniku... / ...i ojcowie partnerzy w wychowaniu dzieci / konsekwencje emancypacji / marzenia mężczyzn

Czy Polki lepiej się dostosowały do nowych czasów niż mężczyźni?

Generalnie kobiety szybciej się przystosowują do zmian rzeczywistości, są bardziej elastyczne. Wystarczy spojrzeć choćby na odsetek pań studiujących, również podyplomowo. Jest ich coraz więcej, więcej niż mężczyzn. A to wynika z chęci gonienia rzeczywistości, podnoszenia kwalifikacji, coraz większych kobiecych ambicji.

Wśród panów istnieje oczywiście grupa ambitnych wilczków, którzy idą do przodu jak burza, ale jest też masa leniuchów, którym się po prostu nie chce, i bardzo trudno ich zmobilizować do walki, starań. Jeśli chodzi o rozwój, zdobywanie nowych umiejętności, to panie są dziś bardziej zdeterminowane.

Z czego to wynika?

Chodzi o zmianę emancypacyjną. W przeszłości kobieta nie musiała myśleć o przyszłości swojej i dzieci, bo miała ją zapewnioną. Utrzymywanie rodziny przez mężczyznę było sprawą honoru. Dziś to się radykalnie zmieniło, upowszechniły się rozwody, i żadna pani – ani zamężna, ani singielka – nie ma gwarancji, że za pięć, dziesięć lat będzie miał kto ją utrzymać. Kobiety, zwłaszcza te, które mają dzieci, muszą myśleć o zabezpieczeniu sobie i im bytu w przyszłości, na wszelki wypadek. Zdają sobie sprawę z tego, że nie mogą już w stu procentach liczyć ani na mężczyznę, ani na jego rodzinę, i doskonale sobie z tą świadomością radzą. Wzięły życie za bary i walczą. Kształcą się, pracują, nawet jeśli związek układa się sielankowo.

Mężczyźni nie myślą o przyszłości?

Myślą, studiują, szukają pracy, ale bez dręczących myśli o przyszłym bezpieczeństwie. Uczą się, pracują – i już. Mają pieniądze, to dobrze. Nie będą mieli, to się zastanowią. W społeczeństwie wciąż prędzej się zaakceptuje mężczyznę, który w razie kryzysu rodzinnego wyfruwa z gniazda i wynajmuje pokój w hotelu, niż kobietę. Ona ma w sobie głęboko zakorzenioną troskę o bezpieczeństwo gniazda. I w dzisiejszych czasach coraz częściej radzi sobie z nią sama. A mężczyzna myśli: „Jakby co, to moja zajmie się problemem".

Rzeczywiście spotyka pan mężczyzn, którzy beztroskę opierają na tym, że żona zadba?

Coraz częściej. Zawsze dbała o niego mama, to teraz zadba partnerka. Panie nie pozwalają sobie na taką niefrasobliwość.

Są oczywiście mężczyźni w pełni niezależni, wychowani tradycyjnie, z przekonaniem, że radzą sobie sami. Jest rzesza samowystarczalnych singli. Na drugim biegunie są ci, którzy do 40. roku życia mieszkają z mamą, jej przynoszą pieniądze na utrzymanie, mają wikt i opierunek i świetnie się bawią. Nie mają motywacji do związania się z kobietą, skoro nikt się nimi nie zajmie tak jak mama.

Ale narastająca jest dziś ta środkowa grupa mężczyzn, skoncentrowana na swojej pracy i rozrywkach, która odpowiedzialność za bezpieczeństwo rodziny chętnie przerzuca na partnerkę. To jest pokolenie dużych chłopców, którzy znają swoje obowiązki, wiedzą, że muszą chodzić do pracy, ale po pracy oczekują już tylko dobrej zabawy.

Widział pan związek, który rozpadł się z powodu bierności mężczyzny?

Niejeden. Przypominam sobie np. parę, w której mężczyzna pojechał do USA na dwa lata zarobić, bo tu nie bardzo im się powodziło. Wydawało się, że są dopasowani, mieli już dziecko. On wrócił zza oceanu, przywiózł pieniądze, i przez kolejne dwa lata niczego nie robił. Całymi dniami oglądał telewizję albo płyty, które sobie przywiózł. Ona tego w końcu nie wytrzymała i go wyprowadziła. A to nie był zły człowiek: łagodny, dobry. Ale dla niej mężczyzna, znaczy „aktywny". Nie mogła znieść jego nieróbstwa.

Może wpadł w depresję?

A skąd, zwyczajny leniuch.

Nie wiedziała o tym, zanim się związali?

Gdy go poznała, on miał etat w budżetówce, od 8 do 16, pracował siłą rozpędu. Złapał ten lukratywny kontrakt w USA, pojechał, nachapał się i uznał, że musi potem odpocząć.

Czemu mężczyźni tak łatwo wycofali się z pozycji fighterów, samców alfa, którzy troszczyli się o swoje samice?

Bo to wygodne! Zmieniły się role społeczne, a panom to specjalnie nie przeszkadza. Kiedyś musieli zarabiać na rodzinę, później kobiety wywalczyły sobie prawo do pracy i zarobków – czemu panowie mieli im w tym przeszkadzać?

Tu dochodzimy do modelu kobiety modliszki i mężczyzny trutnia, potrzebnego wyłącznie do zapłodnienia – skoro samica umie sama zarobić, zająć się domem i dzieckiem.

Ale jest jeszcze potrzeba miłości, i ona pozostaje bardzo wielka. Jest potrzeba seksu. Nie jesteśmy stworzeni do życia w samotności, nawet wyzwolona, niezależna kobieta potrzebuje kochać i być kochana. Nawet jeśli twierdzi, że mężczyźni są jej niepotrzebni, ja w tym słyszę płacz zranionej duszy. Każda chce być przytulona, dokochana.

I dlatego każdy leń w końcu i tak sobie znajdzie panią, która będzie go obsługiwać?

Tak, bo żaden „dochodzący" kochanek nie zapewni tego poczucia ciepłego miłosnego gniazdka, o którym kobiety marzą. Co nie zmienia faktu, że panie są świadome zagrożeń, tego, że związek może się rozpaść. I to na niej będzie spoczywać odpowiedzialność za dzieci. Wiadomo, jak jest z alimentami – ojciec może zarabiać miliony, a wykazywać oficjalnie półtora tysiąca i uchylać się od odpowiedzialności. Dlatego kobiety dbają, by w razie czego umieć zbudować swoje własne poczucie bezpieczeństwa ekonomicznego, bez mężczyzny.

Z tego wynika, że kobiety muszą być dziś silniejsze od mężczyzn, i na ogół są. W naszej rozmowie częściej wspomina pan o słabych mężczyznach niż o słabych kobietach.

Tu zgoda, bez dwóch zdań. Mężczyźni są dziś słabszą płcią. Moim zdaniem to jest kwestia kompletnego braku zahartowania. Kiedyś młody mężczyzna chciał, nie chciał szedł do wojska i wracał stamtąd mocniejszy. Dziś nawet zawodowi żołnierze wracają z pola walki z zespołem stresu pourazowego i latami liżą rany. A mówię to jako stary żołnierz. Mężczyźni są coraz słabsi psychicznie, rosną w warunkach cieplarnianych, bez konieczności mierzenia się z przeszkodami, przechodzenia przez rytuały inicjacyjne w młodości.

Kobiety rosną w tych samych co oni warunkach cieplarnianych – bez wojny, głodu, zarazy, odpukać. Dlaczego się nie rozhartowały?

Wielokrotnie wracam do czynnika macierzyństwa. Ciąża nie dotyczy mężczyzn, poród też nie, nawet jeśli panom się tak czasami wydaje. Święty Boże nie pomoże, kobieta wie, że z tym musi się uporać sama.

Pana zdaniem ten jeden epizod z życia kobiety – ciąża, poród – determinuje naszą twardszą naturę?

Tak, uważam, iż biologia obmyśliła, że z tego względu kobiety są znacznie silniejsze psychicznie.

Są zdane na siebie i wiedzą o tym. Mężczyzna przy porodzie jest potrzebny mało, a przy małym dziecku często nie ma go wcale. Bezsenne noce to domena kobiet. Gorączki, biegunki, wysypki też. Mężczyźni bardzo rzadko potrafią stanąć na wysokości zadania i zdjąć z partnerki poczucie wyłącznej odpowiedzialności. Ta świadomość je hartuje.

Dlaczego tak jest?

Bo kobieta jest zaprogramowana na gniazdo; żeby w nim się krzywda małemu nie działa. Gniazdo jest dla niej priorytetem: porządek, pełna lodówka, wyprane ubranie, kupione podręczniki. Mężczyzna, jeśli źle się poczuje w tym gnieździe, bo nagle sam będzie musiał o tym wszystkim myśleć, wyfrunie. Ugnie się pod ciężarem obowiązków. Kobieta sobie na to nie pozwoli.

Niech pani spojrzy na kraje arabskie: kobiety pracują w polu czy w domu, a mężczyźni siedzą i kawę piją. I tak cały dzień. W niektórych kulturach jest większa akceptacja dla takich układów, w innych mniejsza. U nas jeszcze dość niewielka: mężczyzna, którego utrzymuje kobieta i któremu ona organizuje całe życie, nie cieszy się szacunkiem społecznym. Ale w ostatnich dekadach systematycznie wzrasta liczba związków, w których rządzą panie.

Z czego to wynika?

Moim zdaniem jest w tym wina prawdziwie nadopiekuńczych matek. Mężczyzna spod jej skrzydeł trafia pod skrzydła partnerki, która mu mamę zastępuje, we wszystkim go wyręcza. W dziecińDstwie mama mu kupowała buty, koszule, gotowała, prała, prasowała, a on miał tylko się uczyć. Niczego od niego nie wymagano, nie było konsekwencji za niewypełnione obowiązki itp. Teraz ma tylko chodzić do pracy, a wszystkim innym zajmuje się żona, bo on już inaczej nie umie. Nie potrafi prowadzić swoich spraw.

Czyli taką sytuację raczej wymusza nieporadność mężczyzn, ich oczekiwanie „bycia zaopiekowanym" czy też jakaś tendencja kobiet do dominowania, wchodzenia w rolę nieustannego kierownika wycieczki?

To wszystko jest konsekwencją tzw. bezstresowego wychowania – nie daj Boże, żeby kobieta miała się związać z tak wychowywanym mężczyzną: nieodpowiedzialnym, egocentrycznym. Takiemu będzie niezwykle trudno się zmienić. Prędzej rozstanie się z partnerką, która będzie miała dość matkowania mu, i będzie szukał kolejnej matki zastępczej.

A wszystko wynika z zaniku tradycyjnych ról płciowych. Skoro kobiety poszły do pracy i zarabiają pieniądze, to mężczyźni wchodzą w rolę dużych dzieci swoich partnerek. Bo już nie muszą ponosić odpowiedzialności. A ich matki wychowały ich bezstresowo, podświadomie chcąc zagłuszyć poczucie winy, że nie mają dla synka czasu, nie poświęciły mu dość dużo uwagi, bo chodziły do pracy.

I jak mężczyźni znoszą tę nową siłę kobiet, ich rosnącą pozycję, ambicje, kwalifikacje, wykształcenie, zarobki?

To zawsze zależy od danego mężczyzny, od tego, jaką on sam osiągnął pozycję. Jeśli partner czuje się silny w swojej roli męskiej, dowartościowany, to potrafi wejść w rolę partnerską, może się cieszyć sukcesami kobiety. Natomiast jeżeli mężczyzna ma problem z zaspokajaniem swoich aspiracji, to będzie głosił pogląd, że miejscem kobiety jest kuchnia, a jeśli jakaś robi karierę w jego firmie, to na pewno przez łóżko.

A jako lekarz widzi pan u mężczyzn narastanie jakichś schorzeń, zaburzeń z powodu rosnącej pozycji kobiet?

Na pewno widać narastanie zjawiska zaniku seksu w związkach. Często jest tak, że mężczyzna, którego partnerka zdystansowała w sferze zawodowej, traci ochotę na seks. To jest mechanizm nieuświadamiany przez mężczyzn, ale często staje się on przyczyną małżeńskiej oziębłości. On unika seksu, choć ona się stara, zabiega o te kontakty. I czuje się opuszczona.

Myślałam, że panowie mogą sobie rekompensować niedostatki w karierze dominacją w łóżku. Tam mogą być tym samcem alfa.

To tak nie działa. Jeżeli kobieta lepiej sobie radzi zawodowo, mężczyzna czuje się zagrożony w swojej roli męskiej, narasta w nim frustracja. On na co dzień nie ma poczucia, że jest samcem alfa, czuje się sprowadzony do mało znaczącej roli. I jeszcze ma zaspokajać kobietę seksualnie? Niedoczekanie! Tym bardziej że dla kobiety też jest ważne, z kim idzie do łóżka, i on zdaje sobie sprawę, że mężczyzna sukcesu będzie bardziej pociągający. Im więcej kobieta ma własnych sukcesów, tym trudniej jest mężczyźnie być dla niej „kimś". Ale wcale nie musi chodzić o pieniądze. Znam związek, w którym ona zarabia kilkakrotnie więcej niż jej partner, bo prowadzi butik z luksusowymi ciuchami. Ale on ją fascynuje erudycją, inteligencją. I wszystko gra.

Mężczyzna, który wie, że nie ma w żadnym obszarze wysokiej pozycji, rzadko będzie szczęśliwy z tego tylko powodu, że będzie świetnym kochankiem. To zadowoli tylko mężczyznę w typie Casanovy – który wie, że ma prawdziwy seksualny talent, i czerpie satysfakcję z obdarzania tym talentem swojej partnerki.

Na ogół raczej jest tak, że mężczyzna sfrustrowany w swojej męskiej roli będzie jeszcze oczekiwał, by to partnerka o niego zabiegała w sferze seksu. W ten sposób będzie się podbudowywał.

Polacy bardziej się starają w łóżku niż Polki?

Generalnie mam obserwację, że obie płcie są stosunkowo leniwe w sferze seksu. Pewnie nie odbiegamy znacząco od średniej europejskiej, ale w dużym stopniu swoje życie seksualne sprowadzamy na minimum ars amandi. Jeżeli i oczekiwania nie będą duże, to dla obu stron zaspokajanie tego minimum może być satysfakcjonujące. W końcu wedle badań większość Polaków jest zadowolona ze swoich relacji seksualnych w stałym związku. Ale obiektywnie patrząc, mamy życie seksualne dość ubogie: jedna, dwie pozycje i już. Więcej nam się nie chce.

Natomiast rzeczywiście pojawia się – ale wciąż jest niszowe – zjawisko rosnącej świadomości kobiet w sferze seksu i rosnących w tej mierze oczekiwań. Kobiety mają dziś więcej doświadczeń, sporo czytają na temat seksu w swoich czasopismach, kupują poradniki, a nawet uczestniczą w szkoleniach w tym zakresie, które zaczynają się już pojawiać na rynku. Mężczyźni w tej konkurencji oddali całkiem pole, nie mają żadnej potrzeby dokształcania się. Myśląc na wiele lat do przodu, sądzę, że może dojść do sytuacji, kiedy kobiety w sferze erotyki się rozwiną, wzrosną ich wymagania i oczekiwania, a panowie nie będą umieli ich spełnić. Na razie jednak to futurologia.

Jednak już dzisiaj pojęcie o seksualności męskiej jest jako o dość prymitywnej, podczas gdy kobiety kreują się na istoty o niezgłębionych pokładach seksualności.

Na pewno kobieca seksualność jest bardziej zróżnicowana, złożona, bogata niż męska. I dziś rozwija się bardziej niż kiedykolwiek, bo tracą znaczenie kulturowe czynniki hamujące: obyczajowość, religia itp, a także lęk przed ciążą. U panów nie ma takich rewolucyjnych zmian: tak jak zawsze chodziło głównie o rozładowanie, tak nadal o nie chodzi.

Czy panowie potrafią dziś jeszcze być głowami rodzin? Ojcami?

Jeśli będziemy mówić o mężczyznach – ojcach, to na pewno można ich sklasyfikować w trzech typach. Zanikającym jest typ ojca tradycyjnego: dla niego pozostaje istotny podział ról w rodzinie, nie zajmuje się dziećmi, ale bierze pełną odpowiedzialność za utrzymanie rodziny, czuje się też w obowiązku pilnować porządnego wychowania dzieci, sprawdza ich wyniki w nauce itp. Ale to jest model coraz rzadszy. Coraz więcej mamy natomiast ojców partnerskich: tych, którzy chcą rodzić z żoną, przewijają, kąpią i nie mają z tym problemu – tradycyjny ojciec by się nie dotknął do pieluchy. Ta populacja wyraźnie rośnie. Ale wciąż dominującą jest grupa ojców „w zaniku" – udają, że uczestniczą w wychowaniu, ale raczej opędzają się od tych dzieci. Wolą siedzieć przed telewizorem, starają się być niewidoczni. W oczach dzieci to matka ma autorytet, jest głową tej rodziny. Ojciec zajmuje się dziećmi z doskoku i bez przekonania.

Czy dla wychowania dzieci taki „ojciec w zaniku" to problem?

Tak, bo dla wychowania ważne są dwa filary, dwa wzorce osobowościowe – matki i ojca. Córka ojca pozostającego w cieniu może sobie szukać na partnera takiego mężczyzny bez właściwości. Syn sam stanie się mężczyzną bez właściwości, bo innego nie znał. Albo też będzie poszukiwał wzorców męskości poza rodziną – w liderze politycznym czy duchowym. To nie musi skończyć się dramatem, ale zakładamy, że lepiej, by wzorce płciowe wynoszone były z domu, w którym działała symbioza dwóch pełnych osobowości: kobiety i mężczyzny.

Czemu dziś jest tak, że większość ojców to ci ojcowie „w zaniku"?

To jest spadek po PRL-u. Przez wieki było tak, że mężczyzna pracował, zarabiał, a kobieta wychowywała dzieci. Po wojnie okazało się, że kobiety też mogą zarabiać, a w dodatku zajmują się nadal dziećmi – nie nastąpiła ZAMIANA ról, lecz tylko ich zmiana, modyfikacja. Panowie nie do końca się w tym odnaleźli. Nie musieli już sobie wypruwać żył w pracy, ale też nie czuli się w obowiązku przejąć roli kobiecej. I pozostali bez wzorca, do którego powinni dążyć, bo tradycyjnego ojcostwa nikt już od nich nie oczekiwał. Dopiero niedawno pojawiła się koncepcja partnerstwa, w którym obowiązki ekonomiczne i rodzinne można dzielić po równo.

Na razie jednak przeciętnemu mężczyźnie nie bardzo chce się zawalczyć o pozycję w rodzinie. Raczej nie będzie się kłócić, że chce odebrać dziecko z przedszkola albo odrobić z nim lekcje. To się pojawia w grupie ojców partnerskich, ale w dominującym modelu nie. Pamiętajmy jednak także o czynniku ewolucyjnym: mężczyzna po całym dniu zabaw z dzieckiem, kwilenia, mówienia wierszyków i wyliczanek dostanie szału. A kobieta – w założeniu – jest do tego lepiej przygotowana i chętniej podejmie się takich obowiązków. Jej matka, babka i prababka też to robiły całymi dniami.

Z naszej rozmowy wynika, że płcie rzeczywiście się rozchodzą: im bardziej panie są ambitne, tym bardziej panom się nie chce, i to na wielu płaszczyznach. Czy to już czas na alarm „panowie, do boju!"?

Nie będę nikogo zagrzewał do boju, bo nie wierzę, żeby dało się kreować role społeczne za pomocą propagandy. Życie kreuje zmiany, a ja przyjmuję, że one następują.

Nie obawia się pan wielkiego kryzysu związków za dekadę lub dwie?

Nie, po co? Czasy się zmieniają i nie wiem, jak będzie świat wyglądał za pół wieku. Pół wieku temu nie mieściło nam się w głowie, że kobieta będzie miała pełną kontrolę nad swoją płodnością, a dziś to jest oczywistość, i świat się nie zawalił. Związki między ludźmi stają się mniej trwałe, ale czy to oznacza, że jesteśmy bardziej nieszczęśliwi? Żyjemy dziś dłużej, mamy więcej modeli życiowych do wyboru, coraz większe oczekiwania wobec życia. Nie widzę powodu, by się tym niepokoić. Trzeba się tylko dostosować.

Wciąż jednak nie bardzo rozumiem, dlaczego panowie się po prostu poddali tej fali emancypacji kobiet i nie walczą o własną pozycję. Dlaczego np. to panie kupują poradniki o tym, jak pogłębić samoświadomość, jak rozwinąć karierę, a nie panowie?

Kobiety w ogóle są bardziej ciekawe świata, innych pomysłów na życie. Panowie podbijają świat tam, gdzie znajdą ryzyko: będą zdobywać szczyty, głębiny itp. Ale w kobietach jest większe zainteresowanie dla inności, różnorodności. Panie zdają też sobie sprawę, że aby osiągnąć ten sam status co mężczyźni, muszą starać się bardziej, więcej wydobyć z siebie. Poza wszystkim jednak panowie mają wysoką samoocenę, na ogół są zadowoleni z tego, dokąd doszli, więc po co mają sobie zawracać głowę poradnikami w rodzaju „bądź partnerem idealnym".

Z czego ta wysoka samoocena wynika? To naturalny dar przekazywany z ojca na syna w chromosomie Y?

Panowie nie mają wobec siebie wysokich wymagań. W dużym stopniu poczucie własnej wartości budują na sprawności seksualnej. Jeśli są sprawni, to jako mężczyźni są OK. Jeśli podobają się kobietom, nie mają problemów z nawiązywaniem relacji – to kolejny punkt. Na trzecim miejscu jest poziom zawodowy – coś uzyskali, jakieś pieniądze zarabiają, jest w porządku. Po co chcieć więcej?

Namówię pana na przekłucie tego balonika wysokiej samooceny mężczyzn. Mógłby pan wskazać kilka słabych punktów Polaka, z których nawet nie zdaje on sobie sprawy?

Jednym z nich jest przewidywalny koniec męskiej aktywności seksualnej i ogromna waga, jaką panowie do tego przykładają. Z fizjologicznego punktu widzenia kobieta może współżyć non stop. A u panów w pewnym wieku pojawiają się problemy z erekcją. Oni o tym wiedzą i bardzo się tego boją. Są w tym względzie przeczuleni. Ja bym im polecał, by nabrali trochę dystansu, ale też zawierzyli medycynie. I kiedy przyjdzie już ten czas, skorzystali z odkryć, które wspomagają męską potencję. Tymczasem dla wielu z nich sięganie po farmaceutyki w tej mierze jest rodzajem upokorzenia. Niepotrzebnie.

Mniej więcej w tym samym wieku, kiedy pojawiają się problemy z erekcją, dla wielu mężczyzn kończy się też ich rola zawodowa. A to drugi cios. Jeśli mężczyzna nie zbudował sobie poczucia własnej wartości na sprawach innych niż sprawność seksualna i kariera, to będzie miał poważny problem z dożyciem starości. Dla wielu świadomość końca tych ról bywa zabójcza, frustracja zjada ich od środka.

A tak na co dzień, w relacjach damsko-męskich, gdzie panowie najczęściej zawodzą?

Na ogół polega to na niedostatkach we wzajemnej komunikacji w związku. Oni często nie rozumieją i nie próbują zrozumieć tego, czego kobieta od nich oczekuje, jaki komunikat im przekazuje. Panie często skarżą się na ten brak zrozumienia, niezdolność do rozmowy. Panowie nie rozumieją innych sygnałów niż męskie. A pierwszym krokiem do zrozumienia jest dopuszczenie do swojej świadomości, że istnieją inne sposoby komunikowania niż te, które oni stosują z kolegami w pracy i przy piwie. I otwarcie się na tę inność. Typowy błąd panów to np. wywołanie złego nastroju partnerki, a potem podejście „było, minęło". W końcu pokłócili się rano, to do wieczora na pewno jej przeszło, i pora na seks. A nie przeszło, bynajmniej. I on nie może tego zrozumieć.

Czy da się opowiedzieć, jakich mężczyzn szukają kobiety?

Lista ich oczekiwań jest dłuższa niż litania do Matki Boskiej, znacznie dłuższa niż lista męska. Według badań z USA, 96 proc. kobiet szuka partnera „umiejącego kochać", 92 proc. „umiejącego bronić swoich przekonań", 89 proc. „ciepłego uczuciowo", 86 proc. „delikatnego", 86 proc. „pewnego siebie", 84 proc. „inteligentnego", 67 proc. „wiernego seksualnie", 66 proc. „odnoszącego sukcesy w pracy", 66 proc. „romantycznego", 51 proc. „potrafiącego płakać", 48 proc. „dobrego kochanka", 48 proc. „miękkiego", 29 proc. „atrakcyjnego fizycznie", 28 proc. „agresywnego", 25 proc. „podejmującego ryzyko", 21 proc. „silnego fizycznie", 11 proc. „wysokiego", 4 proc. „mającego wiele podbojów erotycznych".

Mężczyźni chcą w zasadzie kobiety atrakcyjnej, wiernej, gospodarnej, żeby stworzyła im dom, w którym wszystko będzie dobrze. I to z najważniejszych cech wszystko. Kiedy zapytamy kobietę w Polsce, jaki powinien być jej mężczyzna, usłyszymy: opiekuńczy, z pozycją, ambitny, inteligentny, pracowity, starający się, odpowiedzialny, czuły – i tak dalej, i tak dalej...

Spis treści

Rozdział VIII. (199)
Mężczyzna, czyli pokolenie dużych chłopców
Słabość polskich mężczyzn / samiec alfa – gatunek w zaniku / męski leń / wygoda z troskliwą żoną / konsekwencje beztroskiego wychowania synów / łóżkowy tumiwisizm / wstyd przed viagrą / ojcowie w zaniku... / ...i ojcowie partnerzy w wychowaniu dzieci / konsekwencje emancypacji / marzenia mężczyzn